福智山系徹底踏査！

美しき樹林と大展望の頂が呼んでいる

挾間照生

海鳥社

山と自然が大好きなあなたへ贈る

福智山系への招待状

福智山系徹底踏査！

福智山系は、福岡県の北九州市、直方市、福智町、香春町の2市2町にまたがり、約30キロにわたる長大な山域である。

北端は北九州市の洞海湾からいきなり600メートル級の皿倉山、権現山を押し上げ、帆柱山、花尾山を従えて南進し、建郷《たてごう》山、双《ふた》伍《ご》山、音滝《いんだき》山を経て尺岳へ至り、尺岳の西端に金剛山、主稜の西に雲取山を派出し、さらに進んで盟主福智山へ達する。

福智山の両翼には東に鈴ヶ岩屋、西に八丁、その西端に鷹取山を従える。南岳を経て主稜線は南東へ少し向きを変え、焼立山、赤牟田ノ辻へ至る。

焼立山から東へ派生した尾根は新城、茶臼山を経て金辺《きべ》峠へ下り、平尾台南端の竜《たつ》ヶ鼻とつながっている。主稜線は南進して牛斬《うしきり》山へ至り、途中、尾根を分けて牛斬峠、五徳越峠を経て南端の香春岳へ至る。

主峰福智山のピラミダルな美しい山容は登高意欲をそそり、八合目から上部はカヤトとクマザサとわずかな灌木《かんぼく》に覆われ、巨岩が露出した山頂部は360度の大展望に恵まれている。

筑前、豊前にまたがる山頂部には、南に豊前側を向いた福智神社上宮の石祠、北西には筑前側を向いた鳥《とり》野《の》神社上宮の石祠があり、歴史的には英彦山六峰の一座で、修験道の行場でもあった。

山肌を覆う美しい樹林に加えて、福智平、八丁などの草原には季節ごとの豊富な植物群が見られ、冬季は北九州エリアの最高峰という地理的位置から、わずか900メートルの標高とは思えないような樹氷や霧氷が山頂部を飾る。

東西に深く切れ込んだ美しい渓谷は、東側に菅生《すがお》ノ滝、小滝が連続する七重ノ滝群や山ノ神川、吉原川、後入道《ごにゅうどう》渓谷など、西側は竜王峡、内ヶ磯《うちがそ》渓谷と大塔ノ滝、上野《あがの》峡と白糸ノ滝が存在する。

皿倉山頂を発した九州自然歩道は、福智山頂から鱒《ます》淵《ぶち》ダムへ下り、道原《どうばる》から櫨《はぜ》ヶ峠トンネルを抜けて、石原町から平尾台の吹上《ふきあげ》峠を経て大平山へと続く。

自然豊かな福智山系は、北九州や筑豊のたくさんの登山者に愛され続けている北九州国定公園のシンボル的存在である。

そんな福智山系への招待状を山と自然が大好きなあなたへ贈る！

CONTENTS

＊表記について
山名や地名は、国土地理院発行の地形図の表記に従っています。ただし、地元や登山者の間に広く定着している表記を一部用いています。「菅生の滝」などの漢字に挟まれた「の」は、前後にカタカナのない限り「ノ」と表記しています。読みについては、原則として三省堂発行の『日本山名事典』によっていますが、表記同様地元で慣習的に使われている呼称や登山者の間に広く定着している呼称を一部用いています。
＊標高について
掲載したピークは、原則として国土地理院の「電子ポータルサイト」の地形図に従っています。三角点、標高点のないピークについては、地形図から読み取れる標高を採用しています。ただし、場合によっては、慣習的に使われている標高や地元自治体等の測量による標高を採用しています。

福智山系徹底踏査！

本書の使い方

本書は、北部九州を南北に貫く福智山系の山々を歩くためのガイドブックです。最大のコンセプトは「安全に楽しく！」。この一点に尽きます。

善かれ悪しかれ、インターネットがなくてはならないものとなった今、山の情報は各種ホームページ、ブログ、SNS（ソーシャル・ネットワーキング・サービス）等を通じて瞬時に、かつ手軽に入手できるようになりました。

しかしながら、ネットにあふれている情報は、よくいわれるように玉石混交。とても役に立つ情報もあれば、そうではないものもたくさんあります。

こと山の情報に限れば、後者を鵜呑みにすると、現場で痛いめに遭い兼ねません。最悪の場合、取り返しのつかない事態を出来する恐れさえあります。

というのも、自然相手の山登りの場合、同じ山でも天候一つで状況は一変します。加えて、情報を発信する側と受け取る側の経験、知識、技量、体力、嗜好などが異なるのは当然で、その落差によっては向き合う山の難易も大きく変わります。まして、ネット情報の多くは、受け手のことを考えて発信されているわけではありません。

そうした現状を踏まえ、本書は「安全に楽しく！」福智山系の山々を歩いてもらうことを意識して作りました。分岐や危険箇所はもとより、標高差や傾斜の緩急などを含めて、できる限り分かりやすくルートを解説しています。

●地図について

紹介したルートについては、すべて国土地理院の2万5000分の1地形図を使用し、赤の実線と最低限必要と思われるデータを記入しています。

併せて、緑の破線でその他の歩けるルートを掲載しています。これは、エスケープルートとしての利用、および読者のみなさんが紹介ルート以外の山行プランを練る際に役立ててほしいとの思いからです。

赤の実線、緑の破線ともに現地へ足を運び、実際に歩いたGPSデータを基に描いていますが、GPSの精度的誤差、および地図作成上の物理的な制約のため、現地の登山道を正確に表現しているわけではありません。大まかな目安と考え、実際の山行ではGPSアプリ等を活用してください。

なお、台風や集中豪雨などの災害によって登山道が消失したり、林道が崩壊したりすることがあります。通行できない場合は、無理をせず、撤退しましょう。

●参考タイム

同じルートでも経験、知識、技量、体力、あるいは歩き方のスタイルが異なれば、当然タイムは変わります。ですから、参考程度に留めてください。幾分余裕を持たせて、ゆっくりめに設定しています。休憩時間は含みません。

地図凡例

- ―― ＝当該ルート
- ……… ＝その他のルート
- ● ＝ルートの基点
- 水 ＝水場
- 3 ＝国道
- 52 ＝県道

マップコードを活用しよう！

＊山行データに掲載している「MAPCODE（マップコード）」をカーナビに入力すれば、目的地設定が簡単です。

《入力例》

❶ 「メニュー」
↓
「目的地」
↓
「マップコード」を選ぶ。

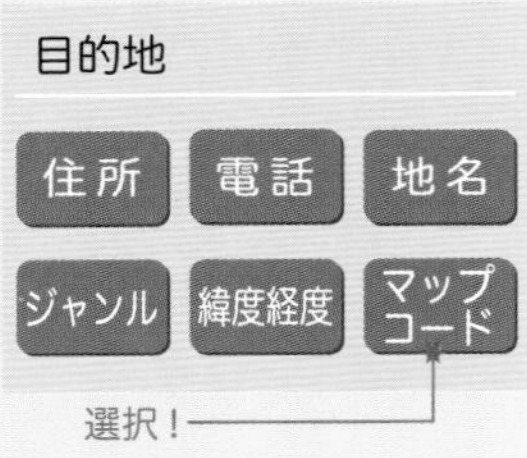

❷ 入力画面にてマップコードの数字と記号を順番に入力する。スペースは無視してOK。
入力後、「検索」を選ぶと画面に目的地が示される→案内開始。

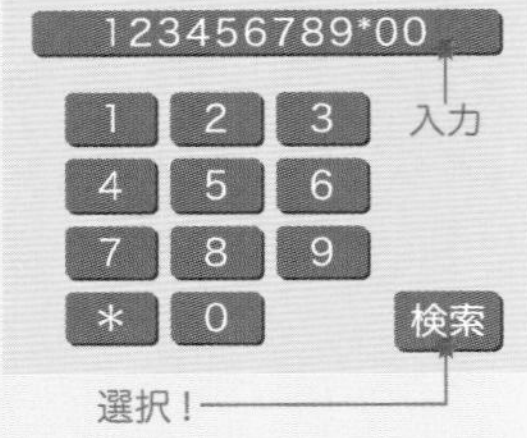

・マップコードによる目的地設定はカーナビの機種によって異なります。詳細につきましては、取扱説明書をご覧ください。
・マップコードに対応していないカーナビもあります。また、対応していても、高精度マップコード（＊以下の数字）に対応していないことがあります。
・マップコードで目的地を設定しても、実際の位置とは誤差が生じる場合があります。

＊「マップコード」および「MAPCODE」は（株）デンソーの登録商標です。

Chapter 1

East Route

東ルート

鱒淵ダムから鈴ヶ岩屋・福智山

美しいアカガシ林を抜けて

鱒淵ダム〜ホッテ谷分かれ〜鈴ヶ岩屋〜福智山〜カラス落〜
ホッテ谷新道〜ホッテ谷分かれ〜鱒淵ダム　＊周回

鱒淵ダム堰堤の下にある鱒淵公園。堰堤沿いのスペースが満車の場合は、ここに駐車する。

鱒淵ダムのシンボル、赤い吊り橋（鱒淵橋）。これを渡って九州自然歩道の取りつき点を目指す。

東側からの登路の中で鱒《ます》淵《ぶち》ダム（北九州市小倉南区）を基点にしたルートが最も人気がある。県道258号沿いにある鱒淵ダムの駐車スペースを出発して堰堤の上を通り、管理事務所の先にあるゲートを通過する。

120メートル先の赤い吊り橋（鱒淵橋）を渡って右折し、舗装路を進むと九州自然歩道の案内板が立つ取りつき点に着く。

ここから未舗装林道を進み、テーブルとベンチがある小広場の先から右手の登山道へ入る。福智川の流れを左手に見下ろしながら植林の中を緩く登っていくと強羅《ごうら》橋へ着く。

橋を渡って視界が開けた所を登れば、ホッテ谷分かれだ。右手にホッテ谷新道を分け、左を取って自然歩道をのんびりたどろう。樹林が一時途切れ、振り返ると足立山が見える。

再び樹林帯へ入ってガレ場の道を登り詰め、右手の支尾根をまたいで少しガレた涸れ沢に入る。足下に注意しながら歩を進めると、美しいアカガシの森の中にある「1・8のコル」に着く。

尾根に沿って樹林帯を緩く登り、支尾根をまたぐと「大杉渡り」の沢に出る。

渓流を渡れば、急登が始まる。ゆっくり高度を稼ぐと傾斜が緩くなり、樹林帯を抜けて灌木《かんぼく》とカヤトの平地に飛び出す。前方に美しい姿の福智山の頂が姿を現し、左手に鈴ヶ岩屋への道を分ける。

九州自然歩道の案内板がある取りつき点。

朝の鱒淵ダム湖畔。

鈴ヶ岩屋に登って戻ると、すぐ先に福智平の道標、テーブルとベンチがある。春から秋にかけて、多くの花が咲き乱れる所だ。緩くたどり、大岩の裾を抜けて登ると福智神社上宮の石祠横に出る。緩いひと上りで福智山山頂に達する。一帯は360度、遮るもののない大展望に恵まれている。

ホッテ谷分かれ。復路はカラス落を経由してこの地点に戻る。

下山は北西側にある鳥野《とりの》神社上宮の石祠前を通り、足下に注意しながら北側の急斜面を下ると、左手に荒《こう》宿《しゅく》荘（避難小屋）、右手にタヌキ水の湧き水がある。

冷たい水で喉を潤したあと、そのまま下っていくとカラス落に到着。道標に従い、右を取ってホッテ谷新道へ入ろう。新緑や紅葉の時季には特に心地よい森の中を下り、ゴーロ帯に出て露岩の間を注意深く下る。

樹林の中の急斜面からゴロ石の道を通り、左手から本谷の沢音が聞こえ始めると行く手に支流が現れ、渡渉後少し下った所がホッテ平。炭焼き窯跡がある。

ここからしばらくゴロ石の樹林帯を下れば、一時視界が開けて貫《ぬき》山の山頂部が見える。再びヤブツバキとアオキの樹林に入り、「しょうた渡り」の支流を渡渉すると、すぐホッテ谷分かれに出る。

ここら先は往路にたどった道を下り、取りつき点から舗装路を鱒淵ダムの駐車スペースへ戻る。

山行アドバイス

①福智平は植物の宝庫。春～秋までいろいろな花を愛でることができる。

②トイレは鱒淵公園にある。また、荒宿荘の西側別棟にもバイオトイレがある。マナーを守って使用したい。

③タヌキ水はめったに涸れることのないおいしい湧き水である。

④冬季の福智山山頂部では樹氷や霧氷が見られ、北斜面は凍結する。そのため、頂上からカラス落の間は軽アイゼン必携。

ホッテ谷分かれの先に樹林の途切れる場所があり、そこからは北九州市の足立山が望める

1.8 のコル。周辺のアカガシ林はとても美しく、このルートの名所の一つと言っていい。

復路はカラス落からホッテ谷新道へ。途中にあるホッテ平でひと息入れていこう。

福智平から福智山山頂を望む。福智平にはベンチとテーブルがあり、周辺は花の宝庫である。

東ルート 01

山行データ

標高	鈴ヶ岩屋＝836m 福智山＝900.5m
単純標高差	約 740m
歩行時間の目安	約 4 時間 30 分
緯度経度 （スタート地点）	33 度 45 分 43.72 秒 130 度 50 分 23.95 秒
MAPCODE®	16 041 062*73

■参考タイム

鱒淵ダム～ 25 分～九州自然歩道取りつき点～ 30 分～ホッテ谷分かれ～ 25 分～ 1.8 のコル～ 20 分～大杉渡り～ 40 分～鈴ヶ岩屋～ 20 分～福智山～ 15 分～カラス落～ 25 分～ホッテ平～ 20 分～ホッテ谷分かれ～ 25 分～九州自然歩道取りつき点～ 25 分～鱒淵ダム（往路＝2 時間 40 分／復路＝1 時間 50 分）

■関係市町村

北九州市小倉南区総務企画課＝093（951）1024

Chapter 1
東ルート
02

鱒淵ダムから福智山
七重ノ滝をめぐって

鱒淵ダム～七重ノ滝入り口～七重ノ滝～山瀬～豊前越～カラス落～福智山～自然歩道～ホッテ谷分かれ～鱒淵ダム　＊周回

五ノ滝。七重ノ滝ルートには、その名の通り七つの美しい滝が連続する。

北九州市小倉南区の鱒淵ダム堰堤を通り、反時計回りでダムの西端にある七重ノ滝入り口へ。

鱒淵ダム湖畔にある七重ノ滝入り口を示す道標。

七重ノ滝入り口橋を渡った先に新しく橋が架けられた。それまでは橋が流失して橋台だけが残り、渡渉に難儀していた。

連続する大小の滝を眺めながら登る昔からの人気ルートだが、近年続いた集中豪雨によって橋が流失したり、老朽化によって使用不能になったりなど整備が急がれている面がある。

そのため、何度も渡渉を強いられる。その点がいささか気がかりだが、七重ノ滝は福智山の名所の一つだけに一度を歩いておきたいルートである。

取りつき点は、鱒淵《ますぶち》ダム西端の「七重ノ滝入り口」にある。まずは堰堤の上を進もう。赤い吊り橋（鱒淵橋）を渡らずにダム湖畔の周回路を反時計回りに歩くと、ダム湖の奥に福智山の頂と鈴ヶ岩屋が見えてくる。

そのまま樹陰の心地よい周回路をたどり、山瀬川がダムへ流れ込む所へ。そこに「七重ノ滝入り口」の道標がある。右折して渓流を左に見ながら作業道を緩く登る。

右へカーブする所で作業道と分かれて直進し、七重ノ滝入り口橋を渡る。やがて２０２０年に新しく橋が架けられた場所へ到着。橋が流され、橋台だけが残っていた所で、かつては渡渉に難儀していた。

１００メートルほど進んで、一ノ滝を右に見ながら吊り橋（滝見橋）を渡り、一ノ滝の左側に架かる15メートルのクサリ場を登れば二ノ滝に出る。

次は支流に懸かる女滝で、左側を登る。女滝から右を取り、濡れた岩場や倒木に注意しながら歩を進めると次々に滝が現れる。四ノ滝と五ノ滝の間、五ノ滝と六ノ滝の間にも短いクサリ場があるが、それほど問題なく通過できる。やがて七番目の大滝（七ノ滝）に出る。清冽な飛沫を浴びながらひと息入れよう。

その後、左側をひと上りすると、周りが開けた淵へ出る。しかし、橋が流失しており、足場を選んで対岸へ渡る必要がある。20メートルほど登ると道標があり、

七重ノ滝ルートのシンボル、大滝。別名、七ノ滝。誰もがここでひと息入れる。

清流が走る山瀬川に沿って詰めていく。渡渉点やクサリ場には十分注意しよう。

植林帯を抜けて自然林に変わると、歩きにくい源頭部に入る。

一ノ滝と二ノ滝にある 15 メートルほどのクサリ場。巻き道もある。

木洩れ陽の中の豊前越。ここも休憩地点としてよく利用されている。

タヌキ水。涸れることなく登山者の喉を潤してくれる貴重な水場である。

これに従って左へ進む。

ただし、この地点もまた流失して橋がない。少し上流側へ移動し、浅瀬の岩を選んで渡渉する。その先、心和む山瀬盆地の穏やかな流れに沿って進めば、山瀬三差路に到着する。

道標に従って左を取り、緩く登れば植林帯を抜けて気持ちのいい自然林に変わる。やがて傾斜がきつくなり、沢の源頭部へ入る。足下はガレ場で、注意しながら登り詰めると豊前越に到着だ。ベンチでひと息入れよう。

豊前越から左を取り、急斜面のジグザグの上りのあと、快適な尾根道へ。それを進むと樹林の切れたカラス落の明るい鞍部に出る。見上げると、福智山の頂が迫っている。

その先、10分ほどで左手にタヌキ水という名の水場、右手に荒宿荘《こうしゅく》（避難小屋）が現れる。そこから最後の急登を終えると、鳥野《とりの》神社上宮の石祠の前を通って山頂に達する。

下山は、福智神社の石祠の後ろにある九州自然歩道の道標に従ってカヤトの原を下る。福智平のベンチをすぎると自然林に入り、すぐに急斜面の下降となる。傾斜が緩むと「大杉渡り」の沢に出合い、これを渡る。さらに自然林の中を緩く下れば、ベンチのある「1・8のコル」へ到着だ。

左を取って尾根から涸れた沢へ下り、支尾根を乗っ越してガレ場を下った所がホッテ谷分かれの三差路。

少し下って強羅橋《ごうら》を渡り、植林の中をしばらく下ると登山口へ出る。ダム周回路を右に進み、赤い吊り橋を渡れば、間もなく鱒淵ダムの堰堤である。

山行アドバイス

①鱒淵ダム西端にある七重ノ滝入り口へのアプローチは、赤い吊り橋を渡っても渡らなくても所要時間はあまり変わらない。

②このルートは神経を遣う渡渉点が多く、増水時には危険を伴う。十分に注意を払おう。ビギナーは経験者に同行のこと。

③一ノ滝と二ノ滝の間にあるクサリ場には巻き道がある。クサリ場の左側の先にある沢沿いの踏み跡をたどればいい。ただし、巻き道をたどると女滝へ出て二ノ滝は見られない。

④豊前越へ登るガレ場は、晩秋から落ち葉に埋まる時季、ルートの判断を間違えないようにしよう。

ウスバキトンボが舞う夏の福智山山頂。帰りは福智平を経て九州自然歩道を下る。

東ルート 02

山行データ

標高	福智山＝900.5m
単純標高差	約 740m
歩行時間の目安	約 5 時間
緯度経度（スタート地点）	33 度 45 分 43.72 秒 130 度 50 分 23.95 秒
MAPCODE®	16 041 062*73

■参考タイム

鱒淵ダム～ 30 分～七重ノ滝入り口～ 25 分～一ノ滝～ 25 分～大滝（七ノ滝）～ 5 分～渡渉点～ 25 分～山瀬三差路～ 35 分～豊前越～ 30 分～カラス落～ 20 分～福智山～ 30 分～大杉渡り～ 10 分～ 1.8 のコル～ 15 分～ホッテ谷分かれ～ 25 分～七重ノ滝入り口～ 25 分～鱒淵ダム（往路＝3 時間 15 分／復路＝1 時間 45 分）

■関係市町村

北九州市小倉南区総務企画課＝093（951）1024

Chapter 1
東ルート
03

鱒淵ダムから尺岳・福智山

健脚向きの名ルートをゆく

鱒淵ダム～七重ノ滝～クジラ岩～尺岳～山瀬越～豊前越～カラス落～福智山～カラス落～ホッテ谷新道～鱒淵ダム　＊縦走周回

尺岳山頂から金剛山を見下ろす。大きな展望に心洗われること間違いなしだ。

巻き道ルートのポイントの一つ、ようじん坂。この辺りで植林の中の急登は終わる。

七重ノ滝入り口橋。巻き道の入り口は、この橋のすぐ手前の右手にある。道標はない。

このルートは、とても人気のある七重ノ滝を観賞したあと、山瀬を経由して尺岳に登頂。その後、南に反転し、九州自然歩道を縦走して福智山へ。ホッテ谷新道を下って鱒淵《ますぶち》ダムへ戻るという周回ルートである。長丁場になるため、健脚向きと言えるだろう。

登山口は東ルート02と同じ「七重ノ滝入り口」で、まずはそこを目指す。鱒淵ダムの駐車スペースを出発して堰堤の上を通り、赤い吊り橋（鱒淵橋）を渡って対岸を時計回りに進む。

体が暖まったと思われるころ、九州自然歩道登山口の標柱が見えてくるが、これを見送り、少し下って橋を渡ると「七重ノ滝入り口」に出る。左に取って山瀬川左岸につけられた作業道を進み、右にカーブした所を直進して七重ノ滝入り口橋を渡り、右岸を進む。以後、七重ノ滝を経て山瀬三差路までは東02ルートを参照されたし。

ここからは、増水で渡渉が困難な場合の巻き道ルートを紹介しておこう。巻き道の取りつき点は、作業道が右にカーブする正面の植林帯にある。いきなりの急登だが、植林帯の中を5、6分ほどで登り切ると、「ようじん坂」の私標を見て、急登は終わる。

ここから左を取って左手に谷を見下ろしながら緩くトラバース気味に山腹を登る。二、三ヵ所急な沢に架けられた木橋を渡り、滝の音が左下から聞こえ始めると滝道との出合いは近い。

七重ノ滝から登ってきた道を左に見送ると、その先に橋台跡が見えてくる。橋はないから、上流側の川幅が狭くて浅い場所を探して右岸へ渡渉しよう。

穏やかな山瀬川の流れに沿って進むと、山瀬三差路に出る。「尺岳方面へ」の私標に従って右手の橋台の下を渡渉し、植林帯の中を登っていく。途中、三ヵ所小沢を渡渉して、クジラ岩の前に出る。その先で、道は水流で削られた溝状の中を登るようになって歩きにくい。

やがて植林帯が終わると辺りは自然林に囲まれ、山瀬川の本流に突き当たる。ここにも橋はない。そのため、橋台跡の右側を下って渡渉する。

左岸を上流へ向かって踏み跡を探しながら進むと、周りが自然林に囲まれた小さな湿原に出る。ぬかるんだ足下に注意して湿原を通過したあと、小さな沢を二つ渡り、植林帯に入る。緩く登って林道に出合い、ここから右を取って林道を進めば本線（頓野《とんの》林道）と合流する。

頓野林道が尾根をまたぐ所から右折し、縦走路を進んで赤松台へ。そこを鋭角に左に曲がり、アカマツが目立つ気持ちのいい自然林の中をたどろう。木段を下ると尺岳平の東屋が見えてくる。尺岳山頂は、尺岳平からひと上りの所だ。

山瀬三差路から小沢を渡りながら植林帯を北西方向へ進む。

クジラ岩。このルート上のランドマークの一つである。

湿原を通過。足元はぬかるんでいる。

豊前越には九州自然歩道の立派な案内板が立っている。ここからカラス落を目指す。

尺岳山頂は絶壁の上の岩場である。さほど広くないが、心休まる場所である

福智山山頂への最後の上り。岩場が見えてきたら山頂はもう間近である。

縦走路上の重要なポイント、カラス落。

西側は高度感満点の絶壁で、その上から金剛山を見下ろし、北に続く尾根の先には皿倉山、権現山が望まれる。東に平尾台の主峰・貫《ぬき》山、振り返ると南に福智山が顔を出す。

尺岳平へ戻り、ひと息入れて往路を戻ろう。自然歩道を進んで緩く下ると、山瀬越へ出る。「右へ下ると竜王峡へ、左へ下ると七重ノ滝へ」の道標が立っている。直進し、緩く登って自然林の平坦路を進み、大きく急斜面を下った所が豊前越だ。九州自然歩道の案内板と道標が立っている。

ここから勾配がきつくなるが、九十九《つづら》折りの道を登ると再び平坦路に変わる。自然林に囲まれたのどかな尾根歩きが続き、緩く登ると周りが開けたカラス落に飛び出す。見上げると、福智山の頂が迫る。

急登の途中、右に荒宿荘《こうしゅく》（避難小屋）、左にタヌキ水の水場を見送り、最後の小さな岩を越えて50メートル先の鳥野《とりの》神社の石祠に手を合わせると、その先に福智山の山頂標識が見える。

下山は、足下に注意しながらカラス落へ下り、道標に従って右のホッテ谷新道へ。以後のルート説明は東01を参照されたし。

山行アドバイス

①渡渉箇所が多く、増水時は無理をせず、巻き道を利用して通過しよう。また、滝周辺の岩場は、転倒や滑落に注意のこと。

②山瀬三差路から林道出合いまでの間、道標はほとんどなく、テープも少ない。特に山瀬川本流を渡渉して湿原の手前まではルートを外さないように。

③尺岳、福智山間は九州自然歩道で、急な上りはあるものの道標は完備されており、問題なく歩ける。疲れたときは無理をせず、福智山をパスしてカラス落からホッテ谷新道を下ろう。

山行データ

標高	尺岳＝608m 福智山＝900.5m
単純標高差	約 740m
歩行時間の目安	約 7 時間 20 分
緯度経度 （スタート地点）	33 度 45 分 43.72 秒 130 度 50 分 23.95 秒
MAPCODE®	16 041 062*73

■参考タイム

鱒淵ダム～ 30 分～七重ノ滝入り口～ 10 分～巻き道取りつき点～ 40 分～滝道出合い～ 30 分～山瀬三差路～ 20 分～クジラ岩～ 30 分～林道出合い～ 15 分～縦走路～ 25 分～尺岳～ 5 分～尺岳平～ 30 分～山瀬越～ 30 分～豊前越～ 40 分～カラス落～ 20 分～福智山～ 20 分～カラス落～ 40 分～ホッテ谷分かれ～ 25 分～九州自然歩道取りつき点～ 30 分～鱒淵ダム（往路＝5 時間 25 分／復路＝1 時間 55 分）

■関係市町村

北九州市小倉南区総務企画課＝093（951）1024

Chapter 1
東ルート
04

鱒淵ダムから雲取山・福智山

変化に富んだ縦走を楽しむ

鱒淵ダム〜七重ノ滝〜山瀬三差路〜クジラ岩〜山瀬越〜
雲取山〜雲取分かれ〜豊前越〜カラス落〜福智山〜
自然歩道〜鱒淵ダム　＊縦走周回

山瀬三差路から右を取って木橋を渡ると、植林帯の中に踏み跡が続いている。

カラス落から望む福智山山頂。丸くたおやかな頂である。

このルートは、鱒淵《ますぶち》ダムから七重ノ滝を経て山瀬越を乗っ越し、雲取山へ登頂。その後、主稜線へ戻り、縦走して福智山へ。下山は、九州自然歩道を通って鱒淵ダムに戻る変化に富んだ縦走周回ルートである。

なお、山瀬三差路までのルート説明は東02を参照されたし。

山瀬三差路へ着いたら道標に従い、右に取って沢を渡渉し、植林帯の中を登っていく。小さな沢を三ヵ所渡渉すると、左手にクジラ岩が現れる。

岩の先の歩きにくい溝状の道を登ると植林帯は終わり、周りは自然林に変わる。やがて山瀬川本流に突き当たるが、水害で橋が流失している。そのため、橋台跡の右側を下って渡渉する。

踏み跡を確認しながら左岸を上流へ向かって慎重に進むと、自然林に囲まれた小さな湿原に出る。秋には紅葉が美しい所だ。ぬかるみに足を取られないよう注意して、湿地に敷かれた丸太などを足場に通過しよう。

ランドマークの一つ、クジラ岩。植林帯の中、小さな沢を三つ渡ると出合う。

湿原。通過の際は足元に注意のこと。

その先の小さな沢を二ヵ所渡ると植林帯に入り、緩く登って林道に出合う。道標が立っており、右へ行くと尺岳だが、直進して林道を横切り、自然林の中をひと上りすると縦走路に飛び出す。ここが山瀬越で、真っすぐ尾根を乗っ越して緩く下ると頓野《とんの》林道に出る。

そこから左を取って600メートルほど林道を進めば、雲取山の取りつき点を示す道標がある。右手の森に踏み込んで左側（南側）の山腹をトラバース気味に登って尾根に乗り、小さなピークを越えると頂上から派生した尾根と交わる鞍部に出る。

右に取って進むと山の主のようなスダジイの巨木が現れ、その脇を下って山頂直下へ。ここから少し長い急斜面のロープ場が始まる。スリップに注意してよじ登ると、雲取山山頂へ飛び出

山瀬越から尾根を一つ乗っ越すと頓野林道に出合う。

雲取山の取りつき点を示す道標。

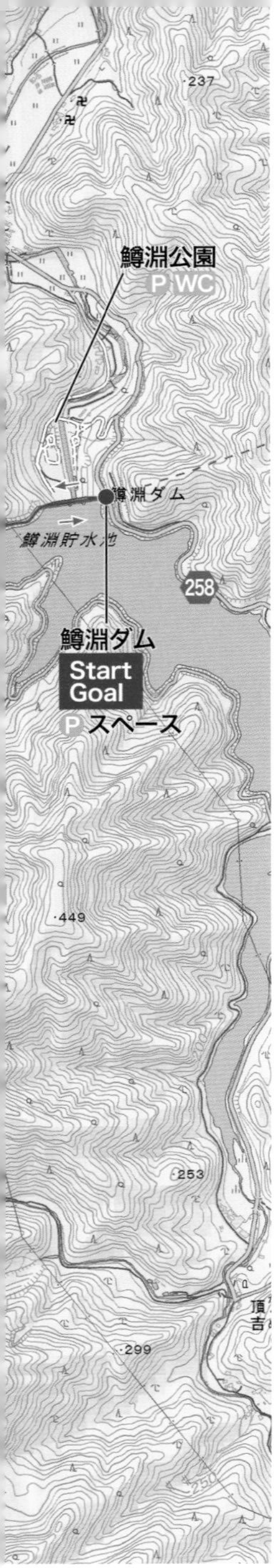

雲取山山頂から望む福智山と鷹取尾根。左から福智山、八丁、鷹取山と並ぶ。

縦走路に立つ雲取分かれを示す道標。右を取って豊前越へ。

す。西側に直方市、南側は福智山から続く八丁、鷹取尾根が望まれる。

復路は、再び急斜面を下って頓野林道の取りつき点まで戻ろう。そこから林道を横切って向かいの尾根に取りつく。少し踏み跡の薄い部分があり、注意しながらテープを追って進むと、福智山系を南北に結ぶ縦走路に飛び出す。そばに立つ「雲取分かれ」の道標が目印である。

ここで右を取り、縦走路を南進して大きく下れば豊前越に到着だ。ベンチと九州自然歩道の案内図や道標がある心地よい休憩スポットである。

この先はすぐ九十九《つづら》折りの上りとなり、登り終えるとのどかな尾根歩きに変わる。緩く登れば、やがて樹林帯から抜け出て、明るく開けたカラス落に達する。

福智山山頂を間近に仰ぎながら登っていくと、右手に荒宿《こうしゅく》荘（避難小屋）があり、左手にはタヌキ水。清澄な湧き水で喉を潤してから急登に取りつこう。

途中、振り返ると、皿倉山から続く福智山系北部の長大な尾根が眺められ、最後の急登を終えると鳥野《とりの》神社上宮の石祠の前に出て、福智山の山頂標識が目に飛び込んでくる。

復路は、山頂から南東へ下り、福智神社上宮の石祠の裏手にある九州自然歩道の道標に従って鈴ヶ岩屋方面へ。以後のルートは東02を参照されたし。

山行アドバイス

①山瀬三差路から林道出合いまでは道標がなく、テープも少ない。慎重にルートを確認しながら進もう。
②増水時の渡渉は特に注意のこと。巻き道を利用するか、勇気のある撤退が望ましい。湿原の通過はぬかるみに注意のこと。
③雲取山山頂直下の急斜面に張られたロープは頼りない。注意して三点確保（三点支持）で登下降しよう。
④かなり長時間の山歩きとなるため、早出・早帰りが望ましい。エスケープルートを頭に入れ、決して無理はしないように。

東ルート 04

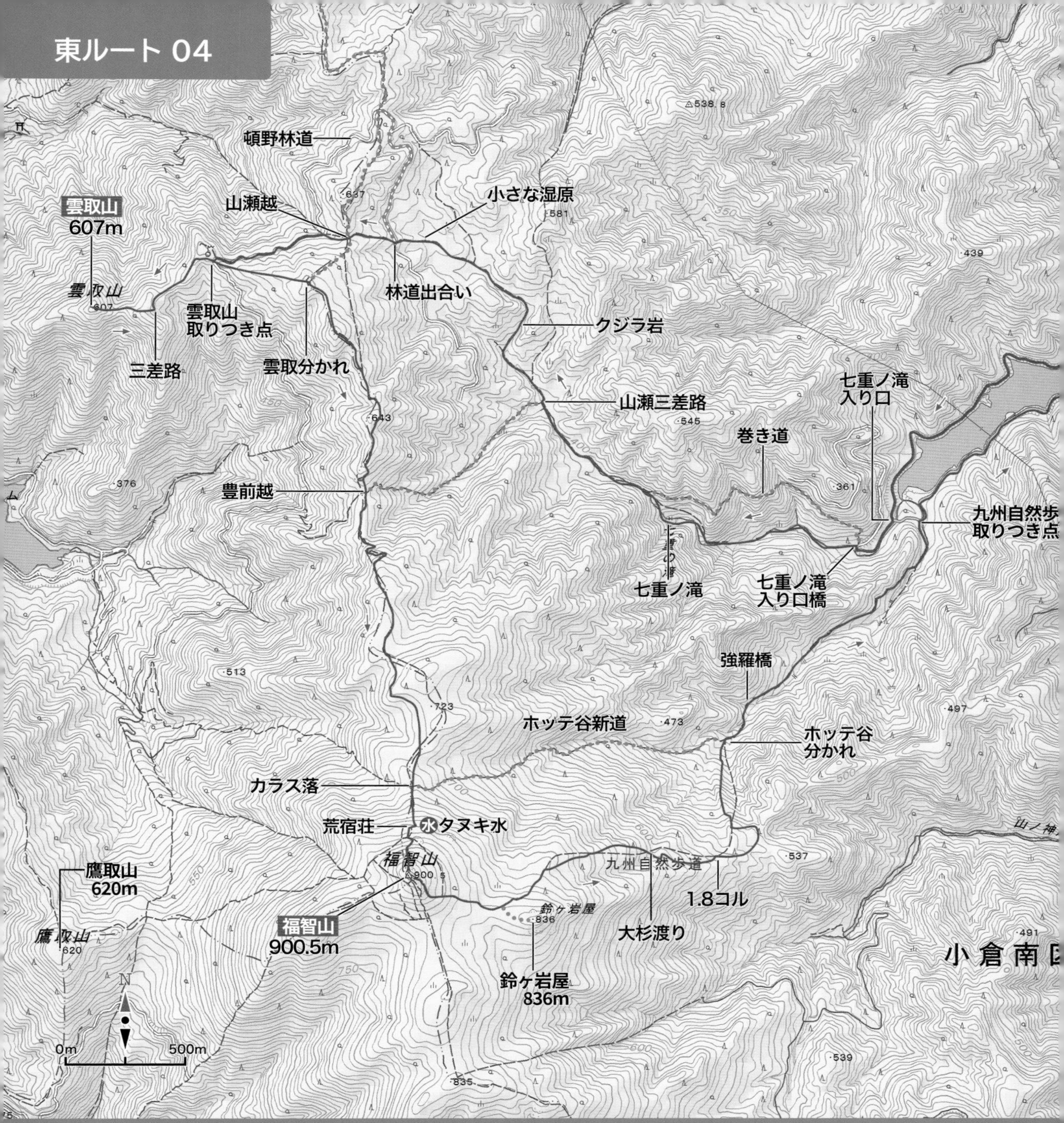

山行データ

標高	雲取山＝607m 福智山＝900.5m
単純標高差	約 740m
歩行時間の目安	約 7 時間
緯度経度 （スタート地点）	33 度 45 分 43.72 秒 130 度 50 分 23.95 秒
MAPCODE®	16 041 062*73

■参考タイム

鱒淵ダム～ 30 分～七重ノ滝入り口～ 25 分～一ノ滝～ 25 分～大滝（七ノ滝）～ 5 分～渡渉点～ 25 分～山瀬三差路～ 15 分～クジラ岩～ 30 分～林道横断～ 10 分～山瀬越～ 15 分～雲取山取りつき点～ 35 分～雲取山～ 20 分～雲取山取りつき点～ 20 分～雲取分かれ～ 15 分～豊前越～ 20 分～カラス落～ 20 分～福智山～ 30 分～大杉渡り～ 15 分～ 1.8 のコル～ 15 分～ホッテ谷分かれ～ 25 分～九州自然歩道取りつき点～ 25 分～鱒淵ダム（往路＝5 時間 10 分／復路＝1 時間 50 分）

■関係市町村

北九州市小倉南区総務企画課＝093（951）1024

Chapter 1
東ルート
05

頂吉から福智山
渓流と樹林と稜線をつないで

頂吉～上頂吉林道～月ノ平～ケヤキ沢～頂吉分かれ～
南岳～福智山　＊往復

清らかな山ノ神川の流れ。月ノ平まで沢を眺めながら林道を歩く。

南岳方面から望む緑一色の福智山山頂。それぞれに色を変える春、秋、冬の姿も美しい。

頂吉の駐車スペース。20 番カーブ標識の先、市民のトイレのそばにある。

上頂吉林道入り口のそばには紫川の起点を示す標柱。

上頂吉林道の入り口。ここが取りつき点である。

清らかな渓流に沿って林道を歩いたあと、落葉樹と照葉樹に囲まれた森で見事なケヤキの大木などを愛でながら高度を稼いで尾根に乗る。その後、縦走路を北にたどって福智山に達する静かなルートである。

　アプローチは、北九州市小倉南区徳光交差点から鱒《ます》淵《ぶち》ダムの堰堤前を通過してカーブの多い県道258号を南進。20番カーブの標識の先にある市民トイレ横の小さなスペースに駐車。

　頂吉《かぐめよし》少年自然の家を右手に見送り、舗装路を200メートルほど登ると十字路に出る。右手に架かる橋が上頂吉林道の入り口で、取りつき点となる。ここは山ノ神川と吉原川の合流地点で、そばに紫川起点の標柱が立っている。

　橋を渡り、100メートル先でゲートに出合い、左脇を抜けて山ノ神川右岸を進む。上頂吉1号橋を渡って左岸を歩くと、林道の下に大きな岩（かぐめ石）が見えてくる。

　大岩を見送り、次の2号橋を渡って右岸の樹林に囲まれた林道を詰めていく。途中から舗装路に変わり、緩く登って3号橋へ。橋を渡り、左手に山ノ神川の清流を見下ろしながら坂道を登っていくと、分岐の月ノ平に到着だ。

　右手に山道があり、自然林の中を登っていく。荒れた竹林をすぎた辺りから見事なケヤキが次々と現れる。小さな沢を三ヵ所渡り、緩く登れば林道支線との出合いである。

　これを横切って、根っこ

月ノ平。上頂吉林道はさらに上部に延びているが、ここで右を取って山道に入る。

上頂吉林道にある。車止めのゲート。左脇をすり抜けて進む。

「林道交差点」という道標がある林道支線との合流点。自然林の美しい所で、ケヤキが多い。

かぐめ石。かぐめ大岩とも呼ぶ。「頂吉」という地名のいわれという説もある。

が大蛇のように岩に巻き付いた大きなケヤキの横を抜けて登り、左手に渓流を見下ろしながら細い道を進むと、ケヤキ沢の渡渉点に出る。涼しい沢風に吹かれてひと息入れよう。

　ケヤキ沢を渡ると、九十九《つづら》折りのきつい上りが待っている。急登のあと、山腹をトラバース気味に歩き、ガレた小沢の源頭部を四ヵ所渡る。炭焼き窯の跡をすぎると再び急登となり、ロープ場が出てくる。辛抱のしどころだ。やがて黒岩展望台に出るが、周りの木々に遮られて展望はあまりよくない。

　急坂にある数ヵ所のロープ場を通過して支尾根に乗り、林の中を緩く登ると縦走路に飛び出す。「頂吉分かれ」の道標がある。ここから右に取って縦走路をたどれば、緩いアップダウンのあと、鈍頂に達する。これが南岳で、突然視界が開け、右に鈴ヶ岩屋、左に八丁を従えたピラミダルな福智山山頂が眼前に迫る。

　ここまでくれば頂までもうひと息。緩く下ってカヤトの原を横切り、最後の急登を経て四畳半岩の横に飛び出す。福智神社石祠の前を通って、360度の展望が広がる福智山山頂へ。復路は往路を戻ろう。

山行アドバイス

①頂吉少年自然の家の行事で子どもたちの野外活動に使われているルート。そのため、登山道の整備に加えて道標やロープなどが設置されている。頂吉少年自然の家の行事がある時を除けば登山者が少なく、静かな山歩きが楽しめる。

②縦走路の防火帯は、カヤトが伸び放題になっていることが多い。短い距離ながら長袖シャツの着用が望ましい。

③急坂の上り下りの際は転倒や滑落に注意。また、ケヤキ沢は大雨などによる増水で渡渉できないことがある。そんな場合は決して無理をしないこと。

④かぐめ石は、「頂吉」という地名のいわれの一つという説がある。

このルートの名物（？）とも言っていい長いロープ場。縦走路出合いまできつい上りが続く。

ケヤキ沢の渡渉点。休憩するならここか、手前の林道支線との合流点がいい。

縦走路に飛び出した地点が頂吉分かれ。ここから右を取って南岳、福智山を目指す。

福智山山頂から貫山、足立山方向を望む。左下にあるのは山座同定盤。

山行データ

標高	福智山＝900.5m
単純標高差	約 740m
歩行時間の目安	約 4 時間 45 分
緯度経度 （スタート地点）	33 度 44 分 31.24 秒 130 度 50 分 41.64 秒
MAPCODE®	96 851 588*26

■参考タイム

頂吉駐車地点〜 40 分〜月ノ平〜 45 分〜ケヤキ沢〜 25 分〜黒岩展望台〜 15 分〜頂吉分かれ〜 30 分〜福智山〜30 分〜頂吉分かれ〜10 分〜黒岩展望台〜20 分〜ケヤキ沢〜35 分〜月ノ平〜35 分〜頂吉駐車地点（往路＝2 時間 35 分／復路＝2 時間 10 分）

■関係市町村

北九州市小倉南区総務企画課＝093（951）1024

頂吉から福智山・焼立山・赤牟田ノ辻・金満山

歩き応えありの四座縦走！

頂吉～月ノ平～頂吉分かれ～福智山～頂吉分かれ～焼立山～赤牟田ノ辻～金満山～満干越～吉原林道～頂吉　＊縦走周回

市民トイレ横の駐車スペースから県道 258 を上頂吉林道入り口へ向かう。

縦走路にある頂吉分かれ。ここからまずは南岳を目指し、そのあと福智山へ。

福智山で折り返し、アップダウンのある縦走路をひたすら南進する。

東05ルートで福智山山頂に立ったあと、縦走路を取って返し、焼立山、赤牟田ノ辻を経て北九州市と田川郡香春町を分ける境界尾根を下り、満干越《みちひ》から吉原林道へ下って吉原川沿いに出発地点の頂吉《かぐめよし》へ戻るという歩く人の少ない縦走周回ルートである。

　頂吉の十字路から右折して上頂吉林道に入り、山ノ神川に沿って緩く登り、上頂吉3号橋を渡ってひと上りで月ノ平へ達する。ここから右手の登山道をたどってケヤキ沢に出合い、渡渉して急登の末、頂吉分かれに飛び出す。右に取って稜線伝いに南岳へ登り、いったん下って登り返すと福智山山頂へ達する（詳細は東05ルート参照）。

　福智山から下って南岳へ登り返し、稜線を下って頂吉分かれへ。これを見送り、746メートルピークへなだらかに登り返す。ここから南東寄りに進路を変えて大きく下ると、上頂吉林道の支線が稜線を横切っている広い鞍部へ着く。

　焼立山（旧赤牟田ノ辻）が眼前に迫り、植林と自然林に挟まれた防火帯の長い急登が始まる。念仏坂と呼ばれる急坂だ。焦らずゆっくり登っていこう。

　登り切った所が焼立山山頂で、東側の樹木の際に三

焼立山の手前にある念仏坂のきつい上り。

焼立山の三等三角点。かつては赤牟田ノ辻とされていたピークである。

防火帯を兼ねた幅の広い縦走路をたどり、赤牟田ノ辻を目指す。福智山系の縦走路歩きは、大きな展望が魅力である。この写真を撮った直後、2匹のサルが左から右へ横切って行った。

赤牟田ノ辻へ向かう途中で振り返り、歩いてきた縦走路を望む。

等三角点がある。かつてあった赤牟田ノ辻の山頂標識は取り払われ、焼立山の標識が立っている。来し方を振り返ると、福智山まで続く雄大な稜線が望まれる。いつ見てもこの眺めは胸に迫るものがある。

焼立山山頂から防火帯を下って緩く登り返し、縦走路から右へ少し登った所が（新）赤牟田ノ辻（旧焼立山）で山頂標識が立っている。

縦走路へ戻り、右に取って牛斬《うしきり》山方面へ少し下った所の左手に金満《かねみつ》山を示す道標がある。ここで左に折れ、自然林に囲まれた長い境界尾根を下る。

赤牟田ノ辻山頂。

やがて石灰岩の露頭が現れ、尾根の高い部分を進むと四等三角点があり、金満山の私標が立っている。ピークらしくないが、落葉樹林に囲まれており、秋の紅葉は見事である。

恐竜の背のような石灰岩の間を縫ってヤセた尾根をたどる。「英彦山・秋の峰入り道」や「両貝権現」などの道標を見て、石灰岩の間をのぞくと御札が祀ってある。

やがて石灰岩の尾根が終わり、見返り坂となる。自然林と植林の境にロープが張られた急斜面を降下する。わずかな距離だが、注意して下ろう。

緩やかな下りに変わり、「連段ノ滝」の道標を見送ってさらに下れば分岐に出合い、「吉原ノ滑滝《なめたき》」「絹糸ノ滝」の道標が立っている。滝に立ち寄るなら、鋭角に左折して山腹をトラバースする。絹糸ノ滝の道標があり、小さな滝とその下に滑滝が見られる。

分岐に戻り、緩く下れば満干《みちひ》越だ。ここは左を取り、樹林の中の荒れた道を下って吉原林道へ。最近、この林道は使われておらず、路面が落ち葉や落枝で覆われ、所々で路肩が崩れて歩きづらい。

金満山山頂。

金満尾根の紅葉。

満干越に立つ道標。ここは左を取る。

途中で石灰の露岩帯を抜ける。

林道をしばらく下ると吉原川に出合い、左岸へ渡渉する。耕作放棄地などを見下ろしながら緩く下り、吉原川の右岸へ渡り返して平坦な道を進むと、吉原の集落が見えてくる。

民家の間を抜け、上頂吉林道の十字路に出て坂を下り、頂吉少年自然の家を見送ると出発地点に戻る。

山行アドバイス

①ロングルートだから、早出・早帰りを心がけよう。時季は防火帯の草刈りが終わった秋から春にかけてがベスト。夏場は適さない。また、尾根筋に水場はない。予め十分に準備のこと。

②サルに出合うことがある。ご用心。

③北九州市と香春町の境界尾根は、満干南尾根や金満尾根とも呼ばれている。

④２０１３年５月から焼立山、赤牟田ノ辻の山頂標識が入れ替わっている。

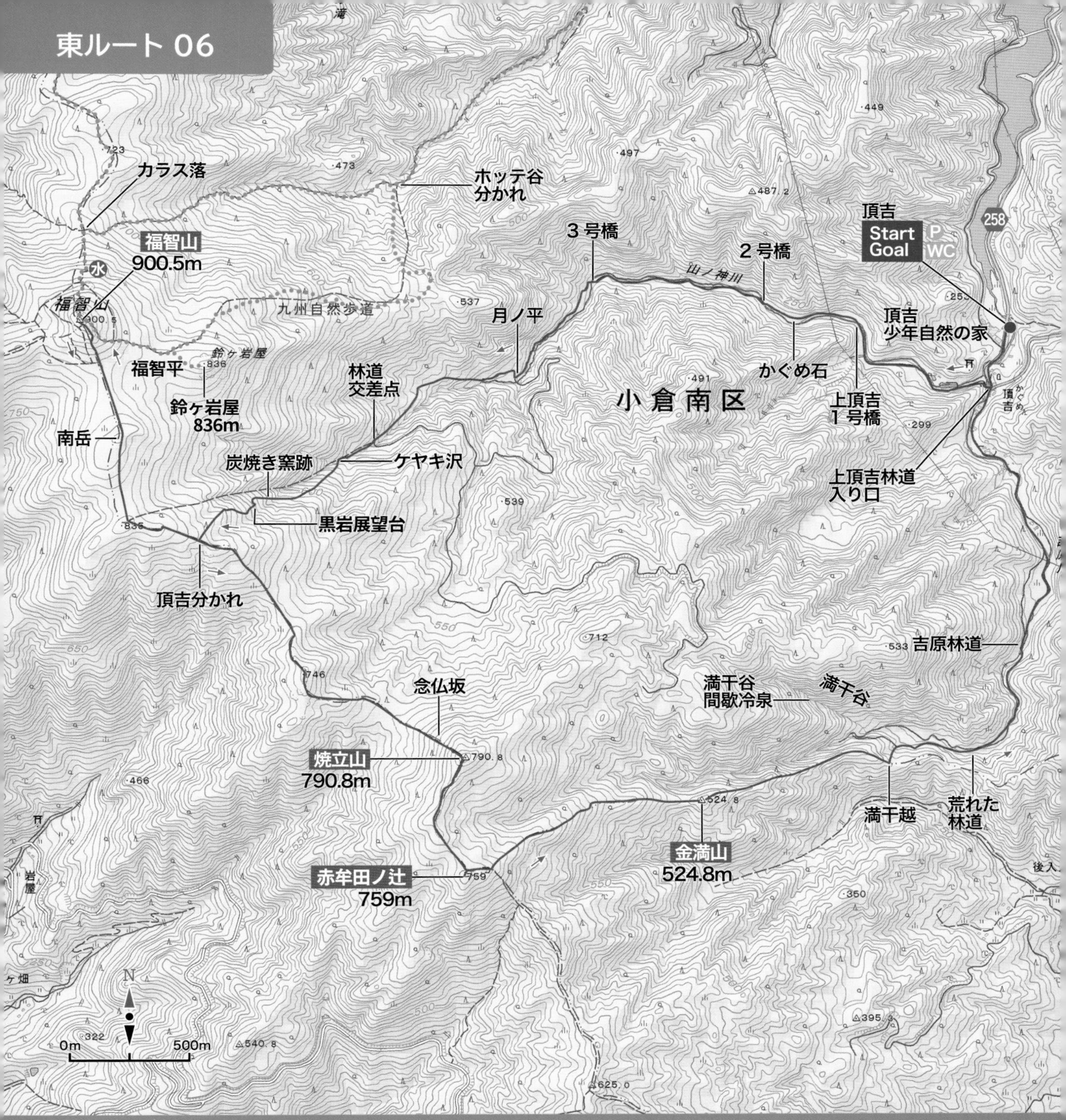

山行データ

標高	福智山＝900.5m 焼立山＝790.8m 赤牟田ノ辻＝759m 金満山＝524.8m
単純標高差	約 740m
歩行時間の目安	約 6 時間
緯度経度 （スタート地点）	33 度 44 分 31.24 秒 130 度 50 分 41.64 秒
MAPCODE®	96 851 588*26

■参考タイム

頂吉駐車地点～ 40 分～月ノ平～ 30 分～ケヤキ沢～ 55 分～頂吉分かれ～ 30 分～福智山～ 25 分～頂吉分かれ～ 50 分～焼立山～ 15 分～赤牟田ノ辻～ 30 分～金満山～ 40 分～満干越～ 45 分～頂吉駐車地点（福智山まで＝2 時間 35 分／福智山から＝3 時間 25 分）

■関係市町村

北九州市小倉南区総務企画課＝093（951）1024

Chapter 1
東ルート
07

道原貯水池から菅生ノ滝を経て尺岳
滝と沢の涼感ルートをゆく

道原貯水池横駐車場～菅生ノ滝～合馬・道原林道～尺岳取りつき点～尺岳ノ肩～尺岳～尺岳取りつき点～合馬・道原林道ゲート～道原貯水池横駐車場　＊往復

菅生ノ滝のそばにも駐車場はあるが、道原貯水池横駐車場をスタート地点にする。

近代化産業遺産の道原貯水池（道原ダム）。すぐの三差路は右を取り、菅生ノ滝を目指す。

北九州市小倉南区の人気スポットの一つに菅生《すがお》ノ滝がある。それを眺めたあと、沢に沿って尺岳へ登るさわやかで心和むルートを紹介しよう。

　菅生ノ滝へのアプローチの途中、五ヵ所ほど駐車場が点在しているが、周回するためには合馬《おうま》・道原《どうばる》林道の終点ゲートに近い最下部にある道原貯水池横の駐車場から出発すると便利。この貯水池は1912（明治45）年に建設された由緒ある近代化産業遺産として知られる。

　歩き始めて最初に出合う三差路は右側の県道28号を進み、すぐに菅王寺の下を通過する。次々に現れる滝見用の駐車場を見送って緩く登る。滝道入り口の橋を右岸（左側）へ渡り、次の小橋を渡ると左側に「尺岳登り口」の表示がある。

　まずはこれを見送って、菅生ノ滝へ直進する。石仏が点在する霊場の中を通り抜け、わずかに登って見上

落差 30 メートルの菅生ノ滝。

合馬・道原林道沿いにある尺岳への取りつき点。ここから沢沿いの道に入る。

渡渉を繰り返しながら、沢を詰めてゆく。

尺岳山頂から望む金剛山。

げると、荘厳な菅生ノ滝が現れる。滝見橋を渡り、菅川神社に手を合わせたあと、落差30メートルを流れ落ちる豪快な滝の冷気を浴びれば心が洗われることだろう。暑い時季ならば、下山後にもう一度立ち寄って涼むのもいい。

滝見後、先ほど見送った「尺岳登り口」まで戻り、いきなり急登に取りつく。ロープの助けを借りて登り詰めると、舗装林道（合馬・道原林道）へ飛び出す。緩く林道を下って林道開通記念の石碑を見送り、橋を渡って少し登ると、左手に「尺岳へ」という道標がある。

ここが取りつき点で、自然林の登山道に入る。沢沿いを少し登り、テープに従って右岸（左側）へ渡渉する。さわやかな風に吹かれながら水流に沿ってしばらく歩き、左岸へ渡渉する。

六回ほど渡渉を繰り返して、最後は左岸を登り続ける。傾斜が増してせせらぎが下方へ遠のき、自然林の上りから植林の中の上りに変わる。水場を通過して登り詰めると、尺岳ノ肩に飛び出す。

左を取って尺岳平を経てひと上りで尺岳山頂へ到着する。頂上の尺岳権現に手を合わせ、横にある山座同定盤を眺めながら西側に金剛山、北に皿倉山、権現山、東に貫《ぬき》山と平尾台、南側の樹間から福智山といった眺望を楽しもう。

下山は往路を戻り、合馬・道原林道へ出て右折してしばらく登っていく。やがて菅生ノ滝下降点の道標前を通過するが、この先が林道の峠で、ここから林道終点まで楽な下りとなる。

道端の草花を眺めながらさわやかな気分で竹林の中を通過する。水場の先にある酸漿《ほおずき》川に架かる橋の上からかわいい滝を眺め、「酸漿」という字の読み方などを思案しながら下っていくと、やがて林道終点のゲートに到着する。

これを抜けて左折し、二つの貯水池の間を通って県道28号の三差路に出れば、スタート地点の駐車場はもう目前である。

山行アドバイス

①このルートは登山者が少なく、静かな山行が楽しめる。滝と沢沿いのルートは夏場にぴったりだ。なお、林道歩きを往路に取ると退屈な長い上りが続く。

②菅生ノ滝から合馬・道原林道への上りは急だが、距離は短く、スリップに注意して登れば問題ない。

③渡渉時、対岸のテープなどを確認すれば楽である。増水している時は登山を中止しよう。

④ランチタイムをとる場所は、尺岳平に点在するテーブルとベンチ、東屋の中がベストである。

復路は合馬・道原林道に出て、そのまま下る。

夏の林道を彩るツリフネソウ。

合馬・道原林道にあるゲート。

二つの貯水池の間を通ってスタート地点に戻る。

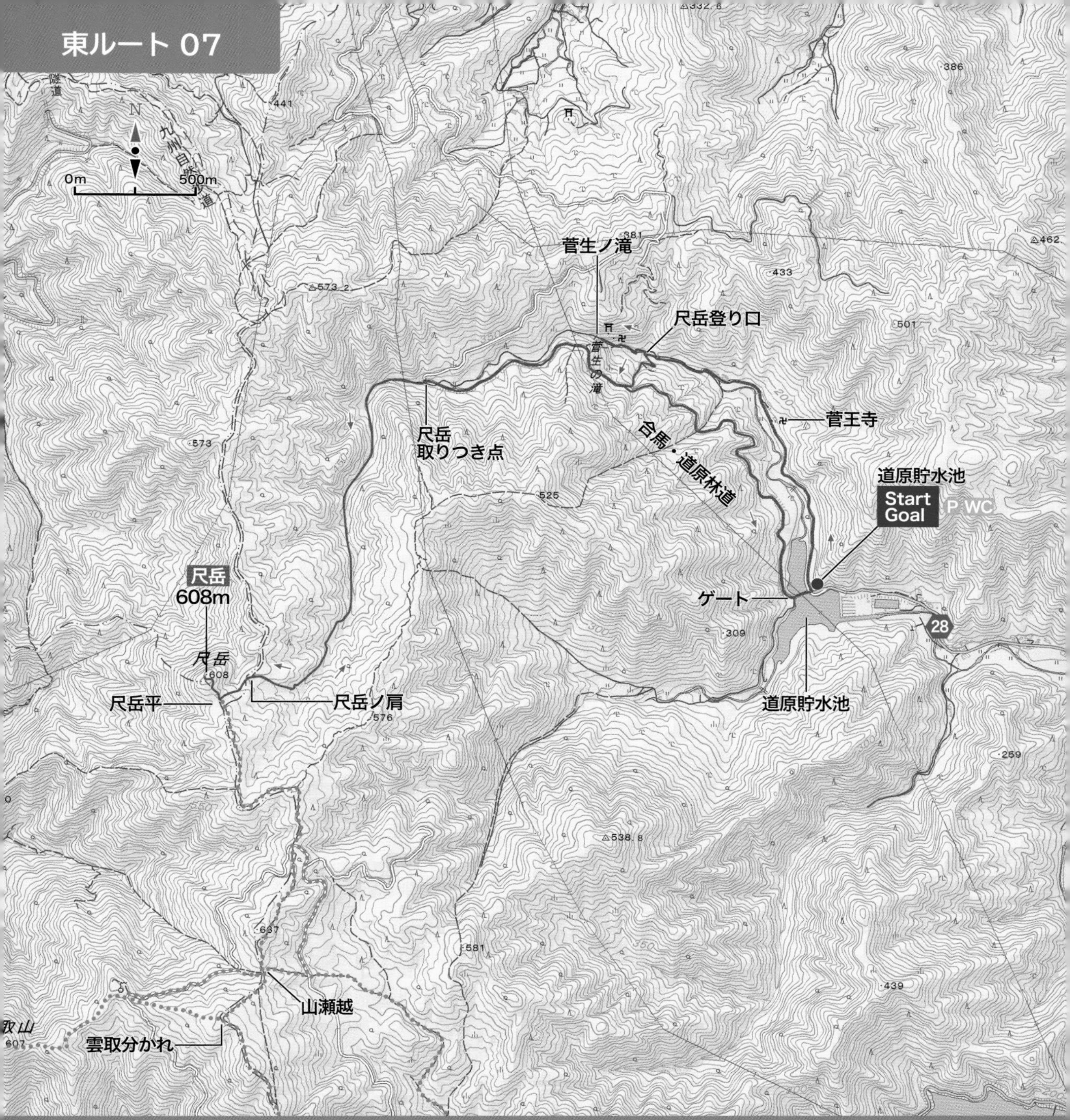

山行データ

標高	尺岳＝608m
単純標高差	約 460m
歩行時間の目安	約 3 時間 20 分
緯度経度（スタート地点）	33 度 46 分 52.68 秒 130 度 49 分 30.36 秒
MAPCODE®	16 099 313*43

■参考タイム

道原貯水池横駐車場～ 30 分～菅生ノ滝～ 10 分～合馬・道原林道～ 10 分～尺岳取りつき点～ 60 分～尺岳～ 45 分～尺岳取りつき点～ 40 分～林道終点ゲート～ 5 分～道原貯水池横駐車場（往路＝1 時間 50 分／復路＝1 時間 30 分）

■関係市町村

北九州市小倉南区総務企画課＝093（951）1024

コラム・1

花いっぱいの鈴ヶ岩屋

ヤマボウシ、スイカズラ、そしてとどめは、山頂周辺を深紅に染めるヤマツツジ。東01ルートの途中で立ち寄ろう！

スペースの都合で本文ではわずかしか触れなかったが、福智山の南東に位置する鈴ヶ岩屋にもぜひ足を運んでほしい。鈍頂ながら標高は836メートルあり、展望もなかなかのもの。なにより福智平を含めて一帯は花の宝庫として知られる。

とりわけヤマツツジの鮮烈な赤が山頂を彩る梅雨入り前の5月下旬から6月初旬にかけては、ヤマボウシ、スイカズラ、カノコソウ、ツルカノコソウなどが咲き誇り、見応えがある。

ルートとしては、鱒淵《ますぶち》ダムから九州自然歩道をたどる東01の途中に立ち寄るのがベター。樹林の中の長い上りが続いたあと、前方がふと開けたら分岐である。薄暗いアカガシの美林帯から明るい草原へ。何度歩いてもなぜかほっとする瞬間である。ベンチが設置されているのもいい。

他のルート、たとえば頂吉から福智山を目指す東05や上野峡からの西18や西19を歩く途中で立ち寄る手もあるが、少しばかり遠回り。健脚向きと言えるだろう。その点、東01なら分岐から山頂まで10分足らずと距離もわずか。

縦走路から離れているぶん、話題になることの少ない鈴ヶ岩屋だが、山頂に立てば登ってよかったと思えるピークである。

前方が開けたあと、最初に出迎えてくれるヤマボウシ。福智山系の初夏を彩る花である。

Chapter 2

South Route

南ルート

後入道から金満山・赤牟田ノ辻

石灰岩帯を抜けて縦走路へ

後入道～こもれび渓谷口～こもれび分かれ～満干越～金満山～
赤牟田ノ辻～鮎返り新道入り口～後入道　＊周回

赤牟田ノ辻は草付きのピークで居心地がよい。
四囲に広がる大きな展望も魅力である。

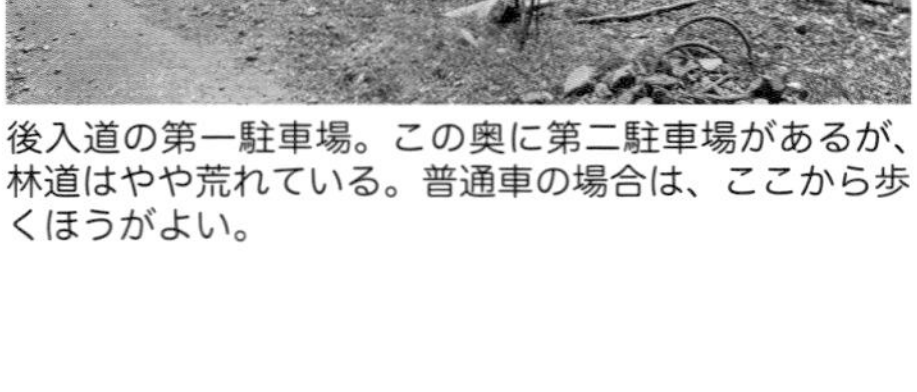

後入道の第一駐車場。この奥に第二駐車場があるが、林道はやや荒れている。普通車の場合は、ここから歩くほうがよい。

郵便はがき

料金受取人払郵便

博多北局
承認

3217

差出有効期間
2021年10月30
日まで
（切手不要）

812-8790

158

福岡市博多区
奈良屋町13番4号

海鳥社営業部 行

通信欄

通信用カード

このはがきを，小社への通信または小社刊行書のご注文にご利用下さい。今後，新刊などのご案内をさせていただきます。ご記入いただいた個人情報は，ご注文をいただいた書籍の発送，お支払いの確認などのご連絡及び小社の新刊案内をお送りするために利用し，その目的以外での利用はいたしません。

新刊案内を ［希望する　希望しない］

〒　　　　☎　（　　）

ご住所

ご氏名《フリガナ》

（　　歳）

お買い上げの書店名

福智山系徹底踏査！

関心をお持ちの分野

歴史，民俗，文学，教育，思想，旅行，自然，その他（　　）

ご意見，ご感想

購入申込欄

小社出版物は全国の書店，ネット書店で購入できます。トーハン，日販，楽天ブックスネットワーク，地方・小出版流通センターの取扱書ということで最寄りの書店にご注文下さい。なお，本状にて小社宛にご注文いただきますと，郵便振替用紙同封の上直送致します（送料実費）。小社ホームページでもご注文いただけます。http://www.kaichosha-f.co.jp

書名		冊
書名		冊

赤牟田ノ辻からの復路には、長くて足場の悪い急斜面の下りがある。この下りが嫌なら、ルートを逆にたどる手もある。

北九州市と田川郡香春町を分ける境界尾根の南部にある後入道《ごにゅうどう》集落の奥から境界尾根をたどり、金満《かねみつ》山を経て赤牟田ノ辻(旧焼立山)へ至り、縦走路を南進して途中から鮎返り新道を下って後入道へ戻る変化に富んだルートである。

後入道最奥の集落を抜けて林道を進み、新城《しんじょう》登山口の先にある登山者用駐車場に駐車する。歩き始めてすぐ橋を渡り、緩く登ると林道右手にもう一ヵ所駐車場があり、その先にこもれび渓谷口の道標がある。

ここから右手の鮎返川に架かる丸太の橋を渡って植林帯の急斜面に取りつく。九十九《つづら》折りに登り終えた所が境界尾根で、そばにこもれび分かれの道標が立っている。

左へなだらかな尾根を登ると、満干《みちひ》越という鞍部に着く。右へ下れば満干から吉原林道を経て頂吉《かぐめよし》へ至る。北側から吉原川のせせらぎが聞こえ、吹き上げる涼風が心地よい所だ。

「英彦山、秋の峰入り道」と書かれた道標を見て、自然林と植林に挟まれた尾根をヌタ場やウラジロの群落を眺めながら緩く登る。

やがて行く手に分岐が現れ、右は絹糸ノ滝と吉原ノ滑滝《なめたき》、左は焼立山、両貝権現の二つの道標が立っている。左の急登(見返り坂)に取りつき、ロープ場を登って途中にある一服岩でひと休み。最後の急登を終え

こもれび分かれ。こもれび渓谷口から急登を経て尾根に乗った地点である。

見返り坂の途中にある一服岩。ここでひと息入れていこう。

四等三角点のある金満山山頂。ピークという感じは薄いが、周辺の落葉樹林は気持ちがいい。

境界尾根の石灰岩帯にある両貝権現。裏手に窟がある。

防火帯の左（東）側にある鮎返り新道の入り口は、この立木が目印。下部に道標が設置されている。

金満山から続く尾根の上り。縦走路まで長い。

赤牟田ノ辻の急斜面から南へ続く縦走路を望む。

植林帯を下り、林道に出合うと右を取る。あとは鮎返川に沿ってのんびり歩くだけだ。

ると緩い上りとなり、周りは石灰岩帯になる。

ヤセた尾根に続く石灰の露岩の間を進み、石灰岩の北側斜面を巻けば両貝権現の小さな窟を見る。少し登ると四等三角点のある金満山に出るが、周りは樹木に覆われて視界はなく、ピーク感もない。

その先、石灰岩の間を下り、鞍部から長い上りとなる。この一帯はさまざまな落葉樹林に恵まれており、近郊の山とは思えない絶品の紅葉を味わえる所だ。

やがて急登の末に縦走路に飛び出し、右へひと上りすると赤牟田ノ辻（旧焼立山）山頂へ到着する。草付きの山頂からは、西に筑豊地区を見下ろし、北には大きく根を張った焼立山、東には平尾台と貫《ぬき》山を望む。

赤牟田ノ辻から往路を戻り、香春岳、牛斬《うしきり》山、大坂山などを眺めながら、縦走路の急斜面を大きく下る。足下は崩壊箇所のあるガレ場。注意が必要である。

かなり長い下りのあと、緩いアップダウンを繰り返し、防火帯の左端に枝を広げた立木のそばで足を止める。根元を見れば、鮎返り新道入り口の道標がある。

見下ろすとロープ場があり、急斜面を15メートルほど下って植林帯へ。よく踏まれた道に変わり、鮎返川の源流の一つである小沢を渡る。この先は、スギ林をトラバース気味に下る。

兵頭岩の横を抜け、小沢が次々に合流して水音が大きく響く中、枝打ちされたスギ林を愛でながら下れば、林道に出る。そばに水場があり、喉を潤すのもよい。林道を右に取って鮎返川に沿って下ると、やがて駐車場が見えてくる。

山行アドバイス

①ルート上には、香春町の「道草の会」による黄色の道標が完備されており、迷うことはないだろう。

②滝道分岐の急登、並びに縦走路から鮎返り新道へ下る急斜面は注意して登下降しよう。

③赤牟田ノ辻（旧焼立山）から南へ下る防火帯の急斜面は、過去に乗り入れたバイクの轍《わだち》が斜面を削り、それが崩壊。ゴロ石が浮き出て滑りやすく、特に膝にこたえる。注意して下ろう。

④後入道集落はJR日田彦山線の採銅所駅に近く、電車を利用しての登山も可能である。また、境界尾根と鮎返り新道は、福智山系縦走時のエスケープルートとして使える。

山行データ

標高	金満山＝524.8m 赤牟田ノ辻＝759m
単純標高差	約 520m
歩行時間の目安	約 3 時間 10 分
緯度経度 （スタート地点）	33 度 43 分 24.38 秒 130 度 50 分 30.84 秒
MAPCODE®	96 791 052*20

■参考タイム

後入道駐車場～ 5 分～こもれび渓谷口～ 15 分～こもれび分かれ～ 5 分～満干越～ 40 分～金満山～ 45 分～赤牟田ノ辻～ 20 分～鮎返り新道入り口～ 45 分～林道出合い～ 15 分～後入道駐車場（往路＝1 時間 50 分／復路＝1 時間 20 分）

■関係市町村

香春町産業振興課＝0947（32）8406

後入道から茶臼山・新城

歴史をしのばせる山城跡へ

後入道〜こもれび渓谷口〜こもれび分かれ〜新城分岐〜茶臼山〜新城分岐〜新城〜新城登山口〜後入道　＊縦走周回

後入道集落の車道。狭いが、舗装されており、第一駐車場までは普通車でもなんとか行ける。鮎返川 2 号橋の手前で、黄色い道標に従って右折する。

清流が走る鮎返川。この北側にかつて山城だった新城と茶臼山がある。

こもれび渓谷口。鮎返川に架かる丸太の橋を渡り、スギ林の中の急登に取りつく。

登山口となる香春町の採銅所一帯は、古代から戦国時代にかけて戦略上の要衝であった。そのため、周りの山々に多くの山城が築かれた。茶臼山（海老野城）や新城《しんじょう》も当時の山城跡といわれており、このルートをめぐれば往時の山城の面影がしのばれることだろう。

　里山の風情が残る後入道《ごにゅうどう》集落を抜け、鮎返川に沿って林道を進み、登山者用駐車場と書かれたスペースに駐車する。歩き始めてすぐ橋を渡り、林道を緩く登ると「登山者用駐車場」という表示板の立つスペースがもう一つあり、見送って進むと鮎返川の右岸にこもれび渓谷口の道標がある。

　ここから老朽化した丸太の橋を渡って山道に取りつき、植林の中を九十九《つづら》折りに登る。しかし、距離は短く、すぐに北九州市と香春町の境界尾根に乗る。

　こもれび分かれの道標があり、右へ向かって尾根を登っていくと周りは自然林に変わり、快適な尾根歩きが続く。入山者が少なく、特に晩秋は静かな紅葉狩りが楽しめる。

　途中、イノシシのヌタ場を見たり、クヌギの根元に転がるドングリなどを拾ったりしながら進むと、新城分岐の道標の立つ三差路に出合う。新城は後回しにして直進すると、61番鉄塔のピークが現れ、ひと上りで鉄塔の基部に着く。

　鉄塔の周りは刈り払われ

新城分岐を見送って先に茶臼山へ向かう。

駐車地点の先にもう一つ登山者用駐車場がある。

「道草の会」手作りの山頂標識が立つ茶臼山山頂。

ランドマークの一つ、61番鉄塔。ここからいったん下って登り返した所が茶臼山の山頂である。

ており、視界が開けて吉原川方面の山が見える。そこから大きく下ってひと上りすると、茶臼山の山頂に到着だ。山頂の周りは自然林に囲まれており、展望は樹間から小倉南区方面がわずかに望める程度。

新城へ向かって大きく下り、再び登って61番鉄塔をすぎて尾根を進むと、「竜《たつ》ヶ鼻が見える場所」という道標があり、樹間から平尾台の最南端の竜ヶ鼻を見ることができる。

新城分岐まで戻り、左へ折れて緩く下って空堀らしき所を登ると、新城山頂へ着く。ここが山城の本丸だろうか。樹林に囲まれており、残念ながら展望はないが、周りを見下ろすと、ぐるりと囲む空堀の跡らしきものが見られる。

新城からの下山は、頂上南西側から植林の中を下る。南西面は急峻な地形をしており、転倒に注意しつつ、赤テープや赤ヒモなどを追って急斜面を下っていく。林業者の見回り道のような薄い踏み跡がある場所もあり、長い下りが続くためかなりきつい。

やがて沢音が聞こえてガレた沢を見下ろすと、古い石積みの砂防堤らしき所へ向かって下る。沢に下り立ったら右岸へ渡り、流れに沿って下ろう。やがて樹林の中に入り、再び沢へ出て左岸へ渡る。

そのあと、少し下った植林の中に山城の石垣跡らしきものが数ヵ所残っている。それを見て竹ヤブを抜ければ林道へ出る。石組みのトンネルから沢の水が出ており、そばに新城登山口の道標がある。林道を右へ少し登って駐車場へ戻る。

樹林に囲まれた新城山頂。展望は利かない。

新城から踏み跡の薄い急斜面を下る。ここは要注意。

ガレた沢に下り立つ。ここから沢を下って左岸へ。

茶臼山も新城も戦国時代の山城跡といわれる。その名残だろうか、下山路のスギ林の中に石垣が残っている。なお、新城からの下降は、植林帯の下草刈りでテープなどがなくなり、ベテラン向きである。

山行アドバイス

①このルート上には香春町「道草の会」が立てた道標が要所にある。迷うことはない。
②新城の急斜面の下りはスリップに十分注意しながらマークを追って進もう。
③こもれび渓谷口の丸太の橋は老朽化している。濡れている際はスリップに注意。
④歩く距離が比較的短いので、JR日田彦山線採銅所駅から里山の風情を楽しみながら歩くのもよい。駅から後入道への道程は、46ページ南10ルート参照。

南ルート 09

山行データ

標高	茶臼山＝408m 新城＝403.8m
単純標高差	約 220m
歩行時間の目安	約 2 時間 20 分
緯度経度 （スタート地点）	33 度 43 分 19.48 秒 130 度 50 分 38.55 秒
MAPCODE®	96 791 114*53

■参考タイム

後入道駐車場～ 10 分～こもれび渓谷口～ 14 分～こもれび分かれ～ 16 分～新城分岐～ 20 分～61 番鉄塔～ 6 分～茶臼山～ 24 分～新城分岐～ 5 分～新城～ 38 分～新城登山口～ 7 分～後入道駐車場（往路＝1 時間 35 分／復路＝45 分）

■関係市町村

香春町産業振興課＝0947（32）8406

Chapter 2
南ルート
10

採銅所駅から金満山・赤牟田ノ辻・山犬ノ峠・牛斬山

福智山系南部の山々をめぐる

JR 採銅所駅～後入道～こもれび渓谷口～こもれび分かれ～満干越～金満山～赤牟田ノ辻～山犬ノ峠～牛斬山～牛斬分かれ～矢山～ JR 採銅所駅　＊縦走周回

田川郡香春町の後入道付近には懐かしい里山の風景が残っている。奥に見えるのは香春岳三ノ岳。

後入道集落を抜けてこもれび渓谷口から右に折れる。

JR 日田彦山線の採銅所駅。ここからスタートする。

満干越を抜けて見返り坂の急登に取りつく。

ＪＲ日田彦山線採銅所駅から町中を抜け、後入道《ごにゅうどう》から入山。林道を登ってこもれび渓谷口から尾根に乗り、満干越《みちひ》、金満山《かねみつ》を経て赤牟田ノ辻へ。そこから南へ縦走して山犬ノ峠、牛斬山《うしきり》へ至り、矢山登山口に下って周回するルートである。

ＪＲ採銅所駅から東へ下り、ＪＡ採銅所を左折して町並みを抜け、ＪＲ日田彦山線の踏切を渡る。道なりに進んで現人神社《あらひと》を見送り、その先にある三差路をすぎると、後入道集落へ緩やかに登っていく。

集落を抜けると道幅が狭くなる。少し先で登山者用駐車場を見送り、橋を渡って未舗装林道をたどる。こもれび渓谷口の道標に出合って鮎返川に架かる丸太の橋を渡り、植林の中を登る。尾根に乗った地点にこもれび分かれの道標がある。

ここは左に取り、尾根を緩く登って満干越を通過する。大きなヌタ場の横を登ると、滝道と見帰り坂を分ける分岐に出合う。ここは左を取って見帰り坂の急登に取りつこう。

ロープ場を登り終えると石灰岩帯に入り、さまざまな形をした露岩の間を登れば金満山に到着だ。四等三角点があるが、周囲を樹林に遮られて展望はなく、頂の感じはしない。

石灰岩の間を緩く下って、自然林の鞍部から上りとなる。主稜線までかなり長い上りだが、秋には一帯がコハウチワカエデやイロハモミジなどの美しい紅葉に彩られる。登り終えた所が主稜線の縦走路で、右へひと上りで赤牟田ノ辻（旧焼立山）へ到着する。好展望のピークで、大きな眺めをほしいままにできる。

縦走路の途中から振り返って赤牟田ノ辻を望む。

登山道にある大きなヌタ場。

山犬ノ峠山頂。ここから左を取る。

金満山を越えたあと、石灰岩帯を抜ける。

主稜線に出て右を取り、赤牟田ノ辻へ。

赤牟田ノ辻から右へ取って防火帯を下るが、いきなりの長い急斜面に面食らうことだろう。そのうえ、オフロードバイクの侵入によって斜面は削られ、いくつもの溝ができている。ここは膝をかばいながら慎重に下る必要がある。

下り切ると快適な稜線歩きに変わり、左手に「鮎返り新道入り口」の道標を見送って防火帯のアップダウンを繰り返す。やがて少し長い上りを経て山犬ノ峠に着く。ここから左（東）へ進路を変える。

溝状の道を下ると、防火帯の穏やかな道に変わる。緩く登っていけば、牛斬山が間近になり、主稜線が右（南）へ転ずる分岐に「岩《ごう》屋《や》分かれ」の道標が立つ。

これを見送り、少し下って牛斬分かれを通りすぎ、樹林の中をひと上りで牛斬山山頂へ飛び出す。香春岳、大坂山、障子ヶ岳、竜《たつ》ヶ鼻などが間近に迫り、北側にこれまで歩いてきた山並みが望まれる。

下山は、牛斬分かれまで戻り、右へ取ってスギ林の中を下っていく。林道を横切り、矢山川源流に沿って下り、二度渡渉する。やがて砂防堤を右に見ると林道に出て、竹林を抜ければ視界が開ける。

橋を渡る時、大きな砂防堤を右に見て舗装路を下る。その先、矢山集落の中を通り、JR矢山踏切を渡って採銅所駅へ戻る。

牛斬山山頂。遠くから見るとお椀を伏せたような形で、山頂も平らである。

山行アドバイス

①JR採銅所駅の駐車場は二ヵ所、駅の右手と左へ曲がった線路側にある。

②JR採銅所駅から後入道までの道筋は読図して進もう。ポイントはJRの踏切、現人神社、観音口からきた道と交わる三差路である。

③山中ではすべてのルートに道標が完備されており、迷うことはない。

④こもれび分かれ〜赤牟田ノ辻間は入山者が少ない。初めての場合は、同行者がいたほうが心強いだろう。

⑤夏季、赤牟田ノ辻〜牛斬山間の縦走路は木陰が少なく、十分な熱中症予防対策が必要である。

矢山集落の大きな砂防堤に出る。

下山時は矢山川を二度渡渉する。

矢山の踏切を渡れば、採銅所駅は近い。

竹林の中の硬く踏まれた登山道を進む。

南ルート 10

山行データ

標高	金満山＝524.8m 赤牟田ノ辻＝759m 山犬ノ峠＝625.0m 牛斬山＝579.8m
単純標高差	約 670m
歩行時間の目安	約 4 時間 50 分
緯度経度 （スタート地点）	33 度 42 分 26.28 秒 130 度 51 分 11.92 秒
MAPCODE®	96 732 440*63

■参考タイム

JR 採銅所駅～ 45 分～こもれび渓谷口～ 15 分～こもれび分かれ～ 5 分～満干越～ 40 分～金満山～ 45 分～赤牟田ノ辻～ 20 分～鮎返り新道入り口～ 10 分～山犬ノ峠～ 40 分～牛斬山～ 70 分～ JR 採銅所駅（赤牟田ノ辻まで＝2 時間 30 分／赤牟田ノ辻から＝2 時間 20 分）

■関係市町村

香春町産業振興課＝0947（32）8406

採銅所駅から牛斬山・香春岳三ノ岳

ふるさとの低山二座を歩く

JR 採銅所駅～矢山登山口～牛斬山～岩屋分かれ～牛斬峠～五徳越峠～香春岳三ノ岳～五徳越峠～清祀殿～ JR 採銅所駅　＊周回

牛斬峠から五徳越峠に向かう途中、端正な香春岳三ノ岳がそそり立つ壁のように目前に迫る。印象に残る圧巻の光景だ。

JR 採銅所駅から矢山登山口へ。そこから簡易舗装の林道へ入る。

矢山川を渡渉して植林帯の中を登ると林道に出合い、これを横切る。

JR採銅所駅から矢山登山口を通って牛斬《うしきり》山へ登り、福智山系最南端の香春岳へ続く尾根を伝い、牛斬峠を経て五徳越峠に下り、香春岳三ノ岳を往復。五徳越峠から舗装路を下り、清祀殿《せいしでん》に立ち寄ってJR採銅所駅に戻る周回ルートである。

　JR採銅所駅を出て右へ日田彦山線沿いに進み、矢山踏切を渡って舗装路を登る。矢山集落を通り抜け、未舗装林道へ入る。ここが矢山登山口で、竹林の中を通って最後の砂防堤をすぎると林道は終わる。

　そこから植林帯の上りとなり、枝分かれした矢山川の支流を二度ほど渡渉する。スギ林の下部にはオニシダやフユイチゴが繁茂し、放置された間伐材が苔に覆われている。

　やがて林道を横切り、登ること少々で牛斬分かれに飛び出す。左へ坂道をひと上りすれば牛斬山に到着だ。展望を楽しんだあと、山頂を下り、牛斬分かれを通過して岩屋《ごうや》分かれから左へ長い草尾根を下る。

　ロマンスヶ丘分岐を見送り、さらに防火帯を下ると牛斬峠へ着く。ここで尾根は二つに分かれ、右は田川市夏吉方面へ下り、五徳越峠は左に取る。

　防火帯は手入れされていないため樹木の間を縫って下ろう。そのあと、緩く登り詰めると、周囲が開けた防火帯ののどかな下りに変わる。三角錐の均整のとれた香春岳三ノ岳が目の前に迫ってくれば、五徳越峠の手前にある長い坂道に差しかかる。

　斜面はオフロードバイクによる轍《わだち》が浸食されて幾筋もの深い溝を作っており、これを避けながらゆっくり

牛斬分かれに飛び出す。牛斬山山頂は、ここから左に取ってわずかな距離である。

牛斬山山頂からの展望。手前右から香春岳二ノ岳、三ノ岳。奥に大坂山がどっかと座る。

牛斬峠。ここから東へ進路を変えて、香春岳登山口のある五徳越峠に向かう。

岩屋分かれ。「岩屋」と書いて「ごうや」と読む。左を取って牛斬峠を目指す。

長い長い防火帯。

と下る。最後の木段を経て五徳越峠の舗装路に下り立ち、車道を挟んで斜め向かいにある香春岳登山口へ向かう。

登山道を緩く登ると分岐に出合い、左は岩登りルートで、右がファミリールート。ここは右を取って山腹を巻きながら登り、ズリネ間歩《まぶ》の道標から左へわずかに登ると、岩壁に銅の採掘跡が口を開けている。

登山道へ戻って緩く下ると涸れた沢に出て、これを渡って鋭角に左折。短い急登を終えると鉱業会社の巡視路に出る。

幅の広い巡視路を九十九《つづら》折りに登って13号カーブへ。そこに三ノ岳への取りつきを示す道標がある。

左へ入り、香春岳三ノ岳十三仏安置の石碑の前を通って樹林の中を直登する。その後、スズタケの間を登り詰めると三ノ岳山頂に飛び出す。

山頂で大きな展望を堪能したら、13号カーブまで戻ろう。高原状の鞍部を二ノ岳方面に進むと、香春岳城址の人桝《ひとます》遺跡があり、見物するといい。

その先は立入禁止で、13号カーブまで戻り、往路を五徳越峠へ下る。ここから舗装路をたどって長光集落の清祀殿にも立ち寄ろう。あとは長光踏切を渡って左折し、町の中を通ればJR採銅所駅へ戻る。

山行アドバイス

①防火帯の手入れがされていない時季がある。特に牛斬峠から五徳越峠の途中までは手入れされていないことが多い。

②要所には道標が整備されており、それを確認して進めば迷う所はない。

③清祀殿は、古代宇佐八幡宮の御神鏡を鋳造した場所といわれる。

④鉱業会社の私有地である香春岳は、三ノ岳と人桝遺跡のある鞍部までが一般に開放されている。

香春岳三ノ岳の山頂。山頂は狭いものの、鋭峰だけに展望はよい。

車道が走る五徳越峠にある香春岳登山口。

香春岳城址の人桝遺跡。

岩登りルートとファミリールートの出合い。ここは右を取る。

長光集落へ下る車道から望む香春岳三ノ岳。見る角度によって姿を変える山だ。

山行データ

標高	牛斬山＝579.8m 香春岳三ノ岳＝508.6m
単純標高差	約 490m
歩行時間の目安	約 5 時間
緯度経度 （スタート地点）	33 度 42 分 26.28 秒 130 度 51 分 11.92 秒
MAPCODE®	96 732 440*63

■参考タイム

JR 採銅所駅～ 15 分～矢山登山口～ 60 分～牛斬分かれ～ 5 分～牛斬山～ 5 分～岩屋分かれ～ 30 分～牛斬峠～ 40 分～五徳越峠～ 45 分～香春岳三ノ岳～ 15 分～人枡遺跡～ 35 分～五徳越峠～ 35 分～清祀殿～ 15 分～ JR 採銅所駅（往路＝3 時間 20 分／復路＝1 時間 40 分）

■関係市町村

香春町産業振興課＝0947（32）8406

円陣ノ滝公園から牛斬山

新しく拓かれた里山の周回路

円陣ノ滝公園～牛斬分かれ～牛斬山～牛斬分かれ～林道～
円陣ノ滝公園　＊周回

円陣ノ滝公園にある牛斬山登山口。この道標が目印。

歩き始めて間もなく、円陣ノ滝が出迎えてくれる。

香春岳三ノ岳と牛斬山《うしきり》の鞍部が五徳越峠。その北側にサクラの名所として知られる円陣ノ滝公園がある。5、6台置ける駐車場から樹林の中を通って牛斬山へ登り、牛斬分かれから東側の樹林に囲まれた山腹を巻いて円陣ノ滝公園へ下る周回ルートである。

　歩き始めて間もなく円陣ノ滝が出迎えてくれる。イロハモミジの間から流れ落ちる滝を見下ろしながら進み、滝の上部から沢に沿って登っていく。間もなく右岸（上流から見て右側）に渡渉して濡れた道を通り、木段を登ると新しい林道に出合う。そばに長光新道の道標があり、復路の目印となる。

　林道を右へ400メートルほど登ると道標があり、左手の古い林道に入る。そして、すぐ左へ折れて植林の中を登る。短い支尾根で自然林に変わるが、再び植林の中を登って古い作業道に出合う。

　左へ折れ、山腹を巻きながら作業道を緩やかに登っていくと道標に出合い、右の急斜面に取りつく。

　最初の部分にはロープが設置してあり、植林の中をゆっくりと登っていくと、「牛斬の湧水」の道標に出合う。岩の下からわずかに水が湧き出している。

　ここからひと上りすると樹陰から抜け出して、牛斬分かれに飛び出す。まぶしい陽射しの中、右へ取って自然林の中を登ると牛斬山

滝の上部から沢沿いを進むと、渡渉点に出合う。これを渡って右岸へ。

渡渉後、木段を登ると、新しい林道に出合う。長光新道の道標を確認後、右へ進む。

古い林道に入る地点。そのあと、すぐ左折する。

急登を経て牛斬分かれに飛び出す。

途中、自然林の中を抜ける。

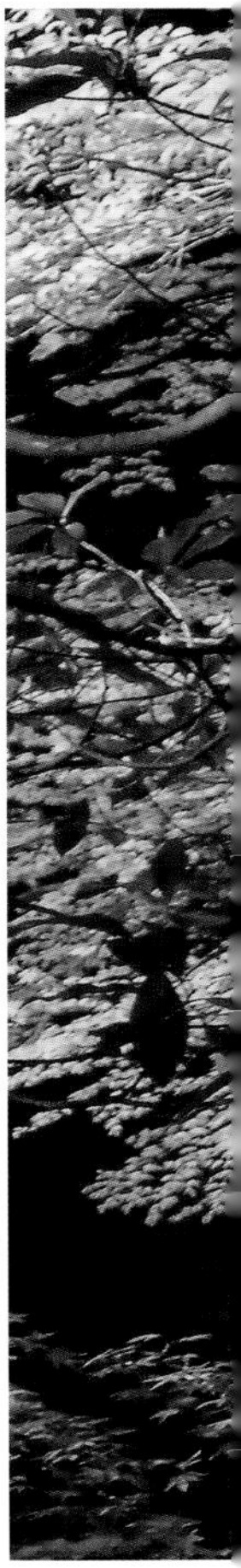

牛斬山山頂は展望抜群だ。香春岳のずっと奥に英彦山・犬ケ岳山系の山々を望む。

下山路の林道右折地点。

山頂へ到着する。

展望は素晴らしく、石灰岩の採掘で標高が半分になってしまった香春岳一ノ岳、対照的に樹林に覆われた二ノ岳と三ノ岳を見下ろし、大坂山の奥に英彦山・犬ヶ岳山系が望まれる。

東には竜《たつ》ヶ鼻、その奥に平尾台と貫《ぬき》山。西側のムベの群落のそばにある岩の上から北へ目を凝らすと、福智山系南部の山々の上に福智山の頂がほんの少し頭をのぞかせている。

西は、遠賀川から三郡山系、古処《こしょ》山系と飽きることのない展望が広がる。

たっぷり展望を楽しんだら下山にかかろう。牛斬分かれまで戻って右の植林帯へ入り、少し下ると林道に出合う。

ここを右へ折れて林道をたどり、開いたままのゲートを二ヵ所通過する。樹林から出てまぶしい陽射しの中、見上げると牛斬山が見える。雑草に覆われた林道を進んでいくと、谷側が大きく崩壊している所がある。ここは注意して山側を通過しよう。

少し先から再び樹林の中を九十九《つづら》折りに下り、舗装が残っていて歩きやすい所や路面が濡れて滑りやすい所などを通過する。

やがて下方が明るくなって、新しい林道が見えてくると樹陰の道は終わる。陽射しを浴びてゆっくりと林道を下り、往路で確認しておいた長光新道の道標から左へ折れて木段へ。これを下り、濡れた道の先で沢を渡渉して円陣ノ滝を見下ろしながら歩く。

円陣ノ滝公園の上まで戻ると、香春岳三ノ岳が目前に大きく迫っている。長光新道入り口のゲートの脇を通って駐車場へ戻る。

山行アドバイス

①要所には道標が整備されており、それを確認しながら進めば迷う所はない。

②大部分が植林の中の登路だから、特に盛夏は樹陰に恵まれて涼しい登山ができるだろう。

③復路は、作業道や林道歩きのため膝に優しい。

④本ルートは、地元香春町の「長光桜植樹会」とボランティアグループ「道草の会」が協力して整備したものである。

左手が崩壊した地点を通過する。

円陣ノ滝公園に戻る。左手は香春岳三ノ岳。

長光新道の下り口。木段を下る。

南ルート 12

山行データ

標高	牛斬山＝579.8m
単純標高差	約 360m
歩行時間の目安	約 2 時間
緯度経度 （スタート地点）	33 度 41 分 46.51 秒 130 度 50 分 23.27 秒
MAPCODE®	96 701 121*07

■参考タイム

円陣ノ滝公園～ 15 分～林道出合い（長光新道道標）～ 5 分～古い林道へ～ 35 分～牛斬分かれ～ 5 分～牛斬山～ 5 分～牛斬分かれ～ 6 分～林道右折地点～ 35 分～長光新道道標～ 14 分～円陣ノ滝公園

（往路＝1 時間／復路＝1 時間）

■関係市町村

香春町産業振興課＝0947（32）8406

円陣ノ滝公園から牛斬山

二つの峠をつないで歩く

円陣ノ滝公園～牛斬分かれ～牛斬山～牛斬分かれ～岩屋分かれ
～牛斬峠～五徳越峠～円陣ノ滝公園　＊周回

岩屋分かれから左を取り、牛斬峠を目指して開放的な草の尾根をたどる。下界を見下ろしながら歩くのは楽しい。

円陣ノ滝公園の駐車場。牛斬山登山口（長光新道入り口）へ向かう。

田川郡香春町にある円陣ノ滝公園を基点に樹林帯を通って牛斬山《うしきり》へ登り、岩屋《ごうや》分かれからなだらかに延びる草尾根をたどって牛斬峠へ。そこから五徳越峠へ下り、舗装路を歩いて円陣ノ滝公園へ戻る周回ルートである。

　円陣ノ滝公園の「長光新道」と書かれた道標の脇から登山道へ。ベンチのある場所の下部を抜けて緩やかに登ると、落葉樹の間から円陣ノ滝が見える。滝の音を間近に聞きながら滝の上を通り、沢に沿って登る。

円陣ノ滝上部を沢に沿って登っていく。

　少し先で右岸へ渡渉し、濡れた道を通って木段を登ると新しい林道に飛び出す。林道を右へ400メートルほどたどると、左へ導く道標がある。それに従って古い林道に入り、すぐ左へ折れて植林の中を登る。

　短い支尾根で自然林に変わるが、再び植林となり、登り詰めると古い作業道に出合う。左へ折れて作業道を山腹を巻きながら進み、道標から右を取って急登に取りつく。ロープが設置されているものの、なくても登れるほどの傾斜である。

　植林の中をゆっくり登っていくと、やがて「牛斬の湧水」の道標に出合う。岩の下からわずかに水が湧き出している。そこからひと上りで陽射しがさんさんと降り注ぐ牛斬分かれに飛び

新しい林道に出て右へ。

古い林道に入ってすぐ左折する地点。

作業道に入ったあと、右折して急登にかかる。

植林の中に硬く踏まれた登山道が続く。

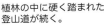

轍が残る道を下ると、バイク進入禁止の杭が 2 本切られている地点に出合う。

五徳越峠の牛斬山登山口。ここに下りてくる。

岩屋分かれ。ここから左を取り、五徳越峠へ周回する。各分かれや峠の位置関係を把握しておくと役に立つ。

バイク進入禁止の杭をすぎると、最後の長い木段が待っている。

出す。

右へ自然林の中を登れば牛斬山山頂に到着だ。眼下に香春岳三ノ岳を望み、その右手に見える石灰岩の採掘で標高が半分になった一ノ岳の姿が痛々しい。

標高の割に眺望に恵まれており、近くの山々はもとより、条件がよい時には英彦山の奥にくじゅう連山、犬ヶ岳山系の左奥に由布岳や鶴見岳を望み、豊前海を挟んで国東半島と姫島まで俯瞰できる。

復路は牛斬分かれを見送り、緩く登って岩屋《ごうや》分かれの道標から左に折れる。防火帯が続くのどかな草尾根に入り、緩いアップダウンを繰り返して進む。

先ほど登ってきた牛斬山を左手に見送り、ロマンスヶ丘の分岐を通過すれば牛斬峠に到着だ。ここで道は二手に分かれ、直進すれば田川市夏吉方面へ。主稜線は東へ方向を変え、五徳越峠を経て香春岳へと続く。

道標に従って左へ折れ、樹林の中を下るが、これまでの草尾根と異なり、この一帯は防火帯の手入れがされていない。やがて緩く登ると、辺りは開けて防火帯の下りとなる。行く手に香春岳三ノ岳の均整のとれた三角錐が見えてくると五徳越峠は近い。

最後にオフロードバイクの轍《わだち》で削られた急斜面が待っている。溝を避けながら注意深く下ろう。そのあと、木段を下ると五徳越峠の舗装路に下り立つ。

香春岳名物の「サルに餌をやらないで」と書かれた看板が立つ。ここから樹木に囲まれたヘアピンカーブの舗装路を下って、円陣ノ滝公園の駐車場に戻る。

山行アドバイス

①樹陰の中を登って山頂を踏み、復路は開放的な草尾根をたどるという変化が楽しいルートである。

②道標はしっかり整備されているが、ガスった時、牛斬峠から五徳越峠へ下る分岐の道標を見落とさないよう注意しよう。

③サルに出合った場合は、驚いて声を出したり、サルと目を合わせたりしないように。慌てずにゆっくりやりすごそう。

④牛斬分かれ、岩屋分かれ(「牛頸峠へ」)の道標は老朽化している。

山行データ

標高	牛斬山＝579.8m
単純標高差	約 360m
歩行時間の目安	約 2 時間 30 分
緯度経度（スタート地点）	33 度 41 分 46.51 秒 130 度 50 分 23.27 秒
MAPCODE®	96 701 121*07

■参考タイム

円陣ノ滝公園～ 15 分～林道出合い（長光新道道標）～ 5 分～古い林道へ～ 35 分～牛斬分かれ～ 5 分～牛斬山～ 6 分～岩屋分かれ～ 30 分～牛斬峠～ 40 分～五徳越峠～ 14 分～円陣ノ滝公園（往路＝1 時間／復路＝1 時間 30 分）

■関係市町村

香春町産業振興課＝0947（32）8406

Chapter 2
南ルート
14

五徳越峠から香春岳三ノ岳
筑豊のシンボルの頂を目指す

五徳越峠～香春岳三ノ岳～人桝遺跡～五徳越峠　＊往復

香春岳三ノ岳と牛斬山の登山口がある五徳越峠。10 台ほど置ける駐車場が整備されている。

香春岳三ノ岳に登る途中、高原状の鞍部と二ノ岳が姿を現す。

筑豊地区のシンボルの一つである香春岳は香春鉱業の私有地で、三ノ岳だけが開放されている。五徳越峠（10台ほどの駐車場あり）まで車でアプローチしてファミリールートをたどれば、家族連れでも比較的容易に登ることができる。野草も多く、花が好きな人にもおすすめである。

　五徳越峠で車から降り立つと、道を挟んで牛斬《うしきり》山登山口の斜め向かいに香春岳登山口がある。山道に入ると、二手に分かれている登山道はすぐ先で合流する。どちらを取ってもよい。

　防火帯を緩く登ると道標の立つ分岐に出合う。左は石灰の露岩を乗っ越してたどるベテラン向きの岩登りルート。ここは右のファミリールートを取る。

　山腹を巻きながら植林の中を緩く登っていくと、ズリネ間歩《まぶ》の道標があり、左へ少し登った正面の岩壁に銅の採掘跡が口を開けている。間歩というのは、銅の採掘跡である。興味のある人は立ち寄ってみよう。

　登山道へ戻り、緩く下ると涸れた沢に出合い、道標に従って鋭角に左へ折れて

香春岳登山口。

右を取ってファミリールートへ。

山腹にあるズリネ間歩。銅の採掘跡だ。

三ノ岳の登り口がある 13 号カーブ。

十三仏安置の石碑を見て進む。

急登に取りつく。湿った道を注意して登ると、香春鉱業の車両が通る幅の広い巡視路へ出る。

最初の9号カーブから九十九《つづら》折りに登っていくと、13号カーブの広くなった所に三ノ岳の登り口がある。道標に従って左の樹林帯へ入り、「三ノ岳頂上十三仏安置」と彫られた石碑の前を通って急登に取りつく。

樹林の急斜面を登り終えて、辺りがネザサに変われば少し視界が開ける。背の高いスズタケの中に入ると視界を遮られるが、やがて一気に前方が開けて、三ノ岳山頂へ飛び出す。

展望に優れる香春岳三ノ岳の山頂。

大きな展望が広がり、南に大坂山、愛宕山、その奥に英彦山・犬ヶ岳山系、由布岳や鶴見岳、障子ヶ岳の奥には豊前海を隔てて国東半島を望む。

北東には竜《たつ》ヶ鼻の奥に平尾台の貫《ぬき》山。北に目を転じると、福智山系南部の牛斬山の奥に焼立山、赤牟田ノ辻が望まれる。

復路は往路を戻るが、二ノ岳と三ノ岳の鞍部にある香春岳城址の人桝《ひとます》遺跡に立ち寄ろう。13号カーブの登り口に出たら巡視路を二ノ岳方向へ進み、二ノ岳を正面に見ながら緩く下って高原状の広い鞍部までくると「人桝遺跡」の道標に出合う。周囲の草原一帯に遺跡が広がっている。

手作りの案内板には「人桝遺跡とは香春岳城（鬼ヶ城）の跡で、古代から戦国時代までこの地が要衝だったため幾多の戦乱に関わった」云々とある。

遺跡の先には「工事関係者以外立入禁止」と書かれたゲートがあり、ここから引き返して13号カーブまで戻り、巡視路を下る。

ファミリールートの道標から右折し、湿った急斜面を下って涸れた沢に下り立ち、右へ折れる。山腹を巻きながら緩く登ればズリネ間歩で、その辺りから緩く下り、分岐から防火帯をたどって五徳越峠へ戻る。

山行アドバイス

①ファミリールートは、道標完備で安心。濡れた石灰岩は滑りやすいので注意。

②香春岳一帯は古代から銅の産地であった。奈良時代の東大寺大仏建立にも香春岳産出の銅が大量に運ばれたらしい。

③1935（昭和10）年から石灰石の採掘が始まって80余年、一ノ岳は高さが半分になった。やがてなくなってしまう山の姿を心に刻んでおきたいものだ。

13号カーブから巡視路を二ノ岳方向へ進む。

案内板が立つ人桝遺跡。

山頂からは胸のすく大きな展望が広がっている。正面は竜ヶ鼻。右手奥に貫山。

山行データ

標高	香春岳三ノ岳＝508.6m
単純標高差	約 240m
歩行時間の目安	約 1 時間 40 分
緯度経度（スタート地点）	33 度 41 分 33.53 秒 130 度 50 分 21.11 秒
MAPCODE®	96 670 659*48

■参考タイム
五徳越峠～ 5 分～分岐～ 15 分～ズリネ間歩～ 35 分～香春岳三ノ岳～ 10 分～ 13 号カーブ～ 5 分～人桝遺跡～ 30 分～五徳越峠（往路＝55 分／復路＝45 分）

■関係市町村
香春町産業振興課＝0947（32）8406

コラム・2

タヌキ水と荒宿荘

滅多に涸れない水場とバイオトイレ完備の山小屋。福智山に登る人にとって、この二つの恩恵は計り知れない。

疲れてたどり着いた山小屋で遠い水場まで水を汲みに行くのはかなりしんどいものだが、荒宿《こうしゅく》荘の場合、ありがたいことに徒歩1分で豊富な水にありつける。標高約850メートル地点から湧き出す清澄な水は、福智山山頂周辺の水場が涸れても健在である。

荒宿荘が建つ以前は、タヌキ水の周りに狭いテント場や石で囲ったかまどが散在していた。コンビニがない時代、早立ちしてタヌキ水へたどり着き、石で囲ったかまどで炊き上げた熱々の飯盒の飯に鯨の大和煮をおかずにした昼飯は最高のご馳走だった。

タヌキ水はときおり湧出が細ったり止まったりすることがあっても、長くは続かなかった。ところが、1994（平成6）年の夏場から初冬にかけて北部九州は干魃《かんばつ》が続き、さすがのタヌキ水も干上がってしまった。下流の鱒淵《ますぶち》ダムでは、上流域にあった旧福智貯水池が干上がり、湖底が丸出しになっていた。

荒宿荘の大きな出来事といえば、九州の避難小屋の先陣をきって、2006（平成18）年にアルプスの山小屋のようなバイオトイレができたことだろう。

屋根上に設置されたソーラーによる発電も整って、国内外から訪れる多くの登山者に利用されるようになり、「ヤブがきれいになった」といわれている。

夏季は突然の雷雨で緊急避難したり、冬季は山頂部の吹きさらしの寒風を避けて暖かい屋内で食事ができたりなど利用価値は高く、タヌキ水と並んで福智山の最高のオアシスである。

福智山の山頂北直下、縦走路からわずかに東に外れた樹林の中にあるタヌキ水。ここは登山者にとってオアシスである。

Chapter 3

West Route

西ルート

福智山ダムから大塔ノ滝を経て福智山

滝と大展望の人気ルート

福智山ダム～大塔分かれ～大塔ノ滝～カラス落～福智山～
上野越～薙野～大塔分かれ～福智山ダム　＊周回

水飛沫をほとばしらせて流れ落ちる大塔ノ滝。
このルートのシンボルである。

福智山ダム湖畔にある広い駐車場。

初めての場合は少し分かりにくいが、取りつき点はガードレールの裏にある。

樹林の中に続く踏み跡をたどって大塔分かれを目指す。

車道から入山してすぐ「瀬瀬里の渡り」と呼ばれる渡渉点に出合う。右岸へ渡って林道をショートカットして登る。

　直方市の福智山ダム駐車場を基点に大塔《おおとう》ノ滝、カラス落、上野《あがの》越と時計回りに周回するルート。アプローチは、内ヶ磯《うちがそ》ダム堰堤から鳥野《とりの》神社の鳥居下を通って福智山ダム湖畔の一方通行路へ入り、さんげんや橋から右折して車道を進むと福智山ダム駐車場に到着する。

　取りつき点は車道を100メートルほど戻ったガードレールの裏にあり、ここから山道に入るとすぐに沢に出合う。

「瀬瀬里《せぜり》の渡り」の表示があり、ここを渡渉後、頓野林道をショートカットする登山道を登っていくと林道に出合う。右へ進み、林道が大きくカーブして脇にカーブミラー立つ地点から再び山道へ入る。

　このような林道との出合いを三回繰り返し、四回目の出合いが大塔分かれである。大塔ノ滝、カラス落へは道標に従って直進する。

　すぐに林道支線を横切ってその先で沢に出合う。渡渉して左岸（右側）を登っていく。やがて足元が軟弱でトラロープが張られた所に出て、左側を見下ろすと、下段の滝が望まれる。周りを樹木に遮られて少し見づらいが、長いナメ状の立派な滝である。

　その先、少し登ると「大塔ノ滝」の道標がある。登山道から左へ入ると、大塔ノ滝が飛沫を上げて落ちている。ここから少し登った所にも小さな滝があり、この一帯には滝が多い。

　じわじわと標高を稼ぎ、沢の源頭部が近づいてくると沢音は消え、ガレ場のゴロ石の上を右岸へ移る。

　湿ったガレ場状の道を登り、水場を見送って濡れた岩交じりの道を登ると縦走路のカラス落へ飛び出す。明るく開けた鞍部で、見上げると福智山の頂が間近に迫っている。

　はやる気持ちを抑えて、ゆっくりと急登に取りつこ

大塔ノ滝を示す道標。滝はこの左手にある。ひと息入れて涼んでいこう。

簡易舗装路をたどり、カーブミラーが立つ地点から再び山道に入る。

歩きにくいガレ場状の源頭部を抜けると、縦走路のカラス落に到着だ。

大塔分かれ。周回ルートの大事なポイントだ。ここから左へ。復路はここに右手から下りてくる。

青空の下で輝く福智山山頂。大きな展望は、県下でも有数だ。

山頂の手前にある鳥野神社上宮の石祠。

う。右に荒宿荘《こうしゅく》(避難小屋)、左にタヌキ水の水場を見送るとさらに上りは急になるが、最後の露岩を越すと鳥野神社上宮の石祠のそばへ飛び出し、山頂標識が目の前に現れる。スタートした福智山ダムを見下ろせば、きっと登頂の満足感が込み上げてくることだろう。

復路は、山頂西側の斜面を八丁方向へ下る。鞍部の八丁ノ辻から右折してクマザサに覆われた道を下れば三差路に出る。

ここは縦走路からくる巻き道との合流点で、左に取って水場、筑豊新道下り口を見送り、自然林の中をひたすら下る。下りきった鞍部が四辻の上野越だ。直進すれば鷹取山山頂へ、左は上野登山口である。

右に取って、薙野《なぎの》、大塔分かれ方面を目指して植林の中を下る。この辺りのヒノキの根元はびっしりとクマザサに覆われており、気持ちがいいが、すぐにクマザサは姿を消し、味気ない植林帯に変わる。

やがて植林帯を出ると、ムク材で作られた立派なベンチとテーブルが登山道の脇にあり、左手に薙野の東屋が現れる。

東屋の下部から林道を下り、橋を渡ると大塔分かれに出る。ここから林道をショートカットしながら山道を歩き、瀬瀬里の渡りを渡渉。ガードレールの裏から車道へ出て、福智山ダム駐車場に戻る。

山行アドバイス

①カラス落への上りは、ガレ場やゴロ石が多い。転倒に注意のこと。

②増水時の渡渉は特に注意が必要。渡りづらい場合は、安全第一で勇気を持って撤退しよう。

③荒宿荘の裏手にバイオトイレがあるが、福智山ダムにはない。アプローチの途中で済ませておきたい。

丸いピークが八丁。復路はその手前の八丁ノ辻から右に折れて上野越方面を目指す。

木洩れ陽の中の上野越。直進は鷹取山、左は上野峡。大塔分かれは右を取る。

上野越から植林の中を下る。途中、林床がクマザサに覆われた気持ちのいい所を通過する。

薙野にある立派な東屋。ここまでくれば、大塔分かれは近い。

山行データ

標高	福智山＝900.5m
単純標高差	約 720m
歩行時間の目安	約 2 時間 50 分
緯度経度 （スタート地点）	33 度 45 分 13.53 秒 130 度 47 分 18.59 秒
MAPCODE®	16 004 056*15

■参考タイム
福智山ダム駐車場～ 20 分～大塔分かれ～ 20 分～大塔ノ滝～ 45 分～カラス落～ 20 分～福智山～ 25 分～上野越～ 20 分～薙野～ 5 分～大塔分かれ～ 15 分～福智山ダム駐車場（往路＝1 時間 45 分／復路＝1 時間 5 分）

■関係市町村
直方市商工観光課＝0949（25）2156

Chapter 3
西ルート
16

福智山ダムから筑豊新道経由で福智山

難路を詰め上げて展望の頂へ

福智山ダム～大塔分かれ～筑豊新道～福智山～カラス落
～大塔ノ滝～福智山ダム　＊周回

福智山ダム湖畔の広い駐車場。ここがスタート・ゴール地点である。

取りつき点を示す道標。ここからガードレールの裏側に入っていく。

筑豊新道は、大塔《おおとう》分かれから南東へ延びている。険しい沢をひたすら詰める難しいルートとして知られ、これを往路にたどる。復路は山頂から縦走路を北に向かい、カラス落から大塔ノ滝を経由して大塔分かれに戻る。どちらかといえば、山に慣れた人向きの周回ルートと言えよう。

基点となるのは、直方市の福智山ダム駐車場。アプローチは、内ヶ磯《うちがそ》ダム湖畔にある鳥野《とりの》神社の鳥居を右手に見送って一方通行路へ入り、さんげんや橋から右折して福智山ダム湖畔の車道を上れば到着だ。広いが、トイレはない。

取りつき点は車道を100メートルほど戻ったガードレールの裏側にある。入山してすぐ沢に出合う。「瀬《せ》瀬《ぜ》里の渡り」と呼ばれる所で、橋を渡って対岸へ。

その後、頓野《とんの》林道をショートカットする登山道を登っていくと簡易舗装の林道に出合う。右へ進むと道が大きくカーブしており、そばに立つカーブミラーから再び登山道へ入る。このような林道との出合いを三回繰り返し、四回目の出合いが大塔分かれである。

直進すると「大塔ノ滝を経てカラス落」の道標があり、ここから右へ50メートル先にある大塔橋の手前が筑豊新道の取りつき点である。「中級以上の方がご利用ください」との表示がある。取りついてすぐ林道に出合い、右側の橋を渡って左岸（右側）に取りつく。以後、この沢に沿って登っていく。

沢の音を聞きながら整備された木段を登っていくと、右に矢印のついた「上野越」の道標が現れる。左へ取って山腹をトラバースすると沢に出合い、ここから右岸（左側）を登る。

次々に岩場が現れ、取り

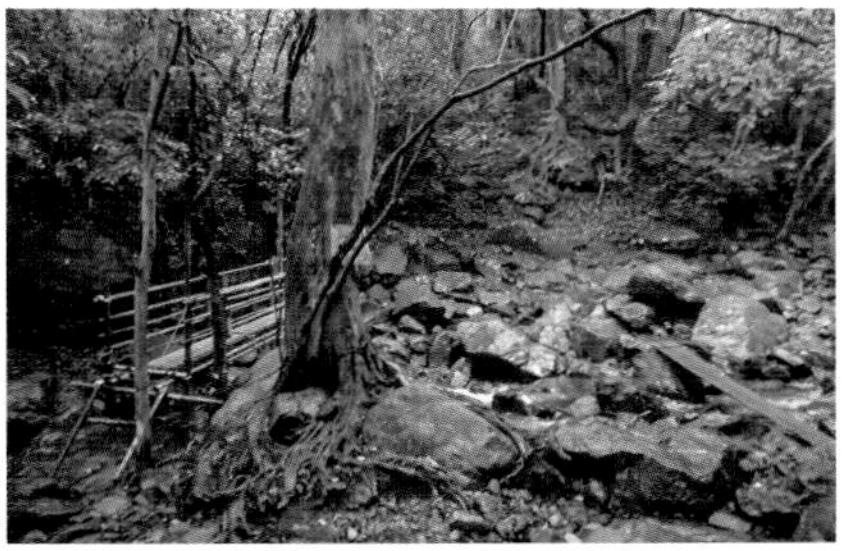
入山後、すぐ瀬瀬里の渡りを渡渉する。

大塔分かれの先にある筑豊新道の取りつき点。

福智山は一等三角点峰だ。立派な山頂標識の裏手にはケルンが積まれ、山座同定盤もある。

筑豊新道の歩き始めは、丸太の階段が整備されている。

上野越から上がってきた登山道に飛び出す。山頂はもうすぐだが、ひと息入れていこう。

筑豊新道のガレ場の急な上り。三点確保で慎重に登ろう。

復路は山頂から北へ、クマザサの茂る急斜面を下ってカラス落を目指す。

険しい上りが続く。最後まで気を抜かぬように。後続者いる場合は、落石に注意。

つけられたロープや木の根などを手がかりにして三点確保で登っていく。時折右手の沢に飛沫を上げる小滝を眺めて緊張をほぐそう。

ひたすら登り続けると、傾斜は増してくるが、沢の上部を見上げた時、ぽっかりと明るい空が見えれば沢の出口は近い。左岸（右側）寄りに移ってガレ場を登り、最後は濡れた斜面を登り詰めると、上野《あがの》越ルートの水場近くに飛び出す。

すぐ先の三差路から左に取って登り、「尺岳へ」の標柱の右側を直登。鳥野神社上宮の石祠を左に見送れば、掛け値なしの素晴らしい大展望が待つ福智山山頂へ到着だ。

復路は、北側のクマザサとカヤトに囲まれた急斜面を下り、荒宿荘《こうしゅく》（避難小屋）とタヌキ水を左右に見送ってカラス落へ。

道標から左に取り、大塔分かれを目指して下る。最初は沢の源頭部で、しばらく足下が濡れた岩交じりの道を注意して下り、左側へガレ場を渡る。

「六合目」の道標をすぎ、ゴロ石の道を下ると右側の岩場に小滝が落ちており、少し下ると「大塔ノ滝」の道標を見る。右へ入れば大塔ノ滝が現れる。

滝を眺めたあと、林の中を下っていくと、トラロープを張った所に出る。右手を見下ろせば、樹林の奥に滑らかに流れ下っている長い下段の滝が望まれる。

やがて沢に出合い、右岸へ渡って林道を横切ると大塔分かれに出合う。ここから林道をショートカットしながら下り、瀬瀬里の渡りを渡渉。ガードレールの裏側から車道へ出て、福智山ダム駐車場へ戻る。

山行アドバイス

①筑豊新道は、山慣れた中級者以上の利用をすすめている。三点確保で登れば問題ないが、後続者がいる場合は落石に十分注意のこと。②筑豊新道では過去に滑落事故が起きており、下山路として使うのはおすすめできない。本文の通り大塔ノ滝か上野越を経由しよう。③増水時の渡渉は危険。登山を控えよう。

山行データ

標高	福智山＝900.5m
単純標高差	約 720m
歩行時間の目安	約 2 時間 50 分
緯度経度 （スタート地点）	33 度 45 分 13.53 秒 130 度 47 分 18.59 秒
MAPCODE®	16 004 056*15

■参考タイム

福智山ダム駐車場～ 20 分～大塔分かれ～ 70 分～福智山～ 15 分～カラス落～ 50 分～大塔分かれ～ 15 分～福智山ダム駐車場（往路＝1 時間 30 分／復路＝1 時間 20 分）

■関係市町村

直方市商工観光課＝0949（25）2156

Chapter 3
西ルート
17

内ヶ磯ダムから鳥野神社を経て鷹取山・福智山

巨木の多い素敵な尾根をゆく

内ヶ磯ダム駐車場～鳥野神社～鷹取山～上野越～福智山～上野越～薙野～福智山ダム～内ヶ磯ダム駐車場　＊縦走周回

かつての山城跡だけに平らで広々としている鷹取山の山頂。山野草も多い。

内ヶ磯ダムの駐車場。ここがスタート・ゴール地点。

鳥野神社の鳥居を右手に見送って進む。

内ヶ磯と書いて「うちがそ」と呼ぶ。内ヶ磯ダムは福智山ダムよりも古く、かつては登山の基点の一つだった。その内ヶ磯ダム堰堤を左手に見送った先に内ヶ磯ダム駐車場がある。

　正面に鳥野《とりの》神社の鳥居を望み、背後に内ヶ磯ダムの湖面が広がるさわやかな場所である。ここから福智山の西にそびえる鷹取山に登って、上野《あがの》越から福智山の頂を踏み、薙野《なぎの》に下る縦走周回ルートを紹介する。

　鳥居をくぐって苔むした石段を登り詰めると、歴史を感じさせる鳥野神社に到着。登山の安全を祈願し、社殿の右手を奥へ進んで取りつき点へ向かう。道標はない。

　登り始めから荒れ気味の道を緩く登っていくと、すぐに傾斜が増してくる。植林帯の見回り道のような細い道となり、登るにつれて山腹を巻くようになる。所々踏み跡が薄くなるから注意しよう。

　テープを追って注意深く登っていくと、いつの間にか辺りは自然林に変わり、見回すと尾根に乗っていることに気づく。ここから自然林に囲まれた森林浴気分の尾根歩きとなる。

　見事な巨木が次々に現れ、樹齢などを想像しながら緩いアップダウンを繰り返せば、やがてこのルート最後の急登に出合う。ロープが張られた急斜面をゆっくりと登り終えたあと、緩やかに下っていく。

　錆びた鉄骨に取りつけられた古い道標の前を通り、数ヵ所に点在する大岩の脇を抜けて鷹取城に関連した遺構と思われる一帯をすぎると、上野越から西進してきた道と出合う。

巨木が点在する鷹取尾根。ここに出るまでに踏み跡の薄い所がある。

ロープが張られた最後の急登。

鷹取山の山頂標識。展望もよく、のんびりくつろぐにはもってこいの場所だ。

錆びた鉄骨につけられた道標。

上野越からの道との合流点。右を取る。

八丁ノ辻の先から望む福智山の山頂付近。左手奥にシンボルの岩場がのぞく。

鷹取山から上野越へ。ここは直進する。

ここを鋭角に右折すれば、ひと上りで広々とした鷹取山の頂上へ飛び出す。標高は620メートル。634メートルの東京スカイツリーより低いが、山城が築かれる前はもっと高かったことだろう。

眼下に広がる眺望を満喫したあと、上野越へ下り、ここから福智山の頂に向かって長い上りとなる。自然林の中をゆっくりと登り詰め、右手に水場を見送って三差路に出る。

ここから左を取ると「尺岳へ」の道標に出合い、その右側を直登すると鳥野神社上宮の石祠の前に出る。石祠に手を合わせて、目前の山頂へ。

復路は、西側の八丁へ向かって下る。八丁ノ辻から右に折れ、クマザサに囲まれた道を下れば三差路に出る。左折して往路にたどった自然林の道を上野越まで下り、そこから右折してヒノキ林の中をたどる。

足下がクマザサに覆われた感じのよい道だが、すぐにクマザサは姿を消し、植林の中の単調な下りに変わる。やがて植林帯を抜け、薙野の東屋と立派なムク材で作られたベンチとテーブルの間を通って林道へ出る。

橋を渡って大塔《おおとう》分かれに出て、林道をショートカットして下り、沢に出合って渡渉（瀬瀬里《せぜり》の渡り）する。

ガードレールの裏から車道に出て福智山ダム駐車場を右手に見送り、トンネルの先からカーブの続く道を下っていくと、内ヶ磯ダムの駐車場が見えてくる。

山行アドバイス

①内ヶ磯ダムの駐車場には立派なトイレがある。
②鳥野神社の右奥にある取りつき点に道標はない。テープが目印である。
③鷹取尾根に乗るまで踏み跡の薄い所がある。落ち着いてテープを確認しながら登ろう。尾根道は明瞭で快適である。

薙野にはテーブルとベンチがある。

福智山山頂。奥に皿倉山を望む。

トンネルを抜けて内ヶ磯ダム駐車場へ戻る。

上野越から右を取り、薙野を目指して下る。

山行データ

標高	鷹取山＝620m 福智山＝900.5m
単純標高差	約 800m
歩行時間の目安	約 3 時間 50 分
緯度経度 （スタート地点）	33 度 45 分 16.52 秒 130 度 46 分 33.79 秒
MAPCODE®	16 003 164*50

■参考タイム

内ヶ磯ダム駐車場～ 5 分～鳥野神社～ 70 分～鷹取山～ 10 分～上野越～ 40 分～福智山～ 35 分～上野越～ 20 分～薙野～ 25 分～福智山ダム～ 25 分～内ヶ磯ダム駐車場（往路＝2 時間 5 分／復路＝1 時間 45 分）

■関係市町村

直方市商工観光課＝0949（25）2156

Chapter 3
西ルート
18

上野峡から虎尾桜を経て福智山

春におすすめの周回ルート

上野登山口～虎尾桜～八丁～福智山～上野越～
上野登山口　＊周回

トイレの前から下ると上野峡の大駐車場がある。

上野登山口にある立派なトイレ。

樹齢 600 年といわれる虎尾桜。花の時季にはたくさんの人で賑わう。

直方市の上野《あがの》登山口から後述する虎尾桜を見物し、八丁を経て福智山の山頂を踏み、上野越に下って登山口に戻る、とりわけ春におすすめの周回ルートである。

　アプローチは、田川市と直方市を結ぶ県道22号の宮馬場信号から県道62号で上野峡方面へ向かい、すぐに福智神社を見送って上野焼窯元の建物が散見される坂道を緩やかに上っていく。

　正面に上野峡の大自然が開けると上野登山口（トイレあり）で、左折して下ると左手に上野峡の大駐車場がある。

　駐車場から登山口に出て舗装路を左に取る。廃業した温泉施設の前を通り、民家の間を登っていく。登山道を示す大きな案内板の立つ三差路で舗装は途切れ、ここから山道に取りつく。

　右手に白糸ノ滝、左手に展望台への道を見送り、直進して沢に沿ってやや幅の広い登山道をたどる。

　右手に分岐を一つ見たあと、虎尾桜の道標に出合い、小さな木の橋を渡って炭焼き窯跡の中を抜け、ゴロ石の坂道を登ると目の前に虎尾桜が姿を現す。

　樹齢600年というエドヒガンは見事な巨木で、春は花見の人々で大いに賑わう。ちなみに見ごろは例年4月初旬である。

　サクラを眺めたあと、すぐ下の薄い踏み跡をたどると登山道に出る。そこからひと上りで八丁から続く主尾根に乗り、白糸ノ滝から登ってきた道と合流する。

舗装路が終わる三差路が取りつき点。ここを直進。

上野登山口からのルートは人気が高く、登山道も硬く踏まれている。

未舗装林道を横切り、露岩帯をすぎると、いよいよロープ場の急登になる。

虎尾桜分岐。メインルートから右へ折れ、古い橋を用心して対岸に渡る。

八丁からの主尾根にある源平桜分かれ。ここは左を取る。

白い砂礫《されき》交じりの溝状の道をたどり、岩場を乗っ越すと、右に源平桜への道を分ける。ここから自然林の中をひと上りで、未舗装のおおつが林道に出合う。この先、長い上りが待っている。ひと息入れていこう。

未舗装林道を横切って植林の中の四角い岩の前を通過。その先でロープ場が始まり、胸突き八丁のきつい急登が続く。息が上がらないよう一歩一歩ゆっくり登っていくしかない。

急登にいい加減飽きたころ、自然林が途切れて一気に視界が開け、振り返ると眼下に鷹取山が望まれる。この瞬間の爽快感は、いつ登っても格別だ。

灌木《かんぼく》が点在するカヤトの中を進むと、右手に八丁のケルン、正面に美しい福智山山頂が姿を現す。いったん緩く下り、草付きの鞍部、八丁ノ辻から急坂を登れば福智山山頂へ到着だ。

復路は、往路の急坂を八丁方向へ下り、鞍部の八丁ノ辻を右折。クマザサの中を抜けて三差路に出る。ここを左折し、上野越を目指して自然林の中を下る。やがてベンチと案内板が立つ上野越の鞍部に着く。

左に取って下ると、林道に出合う。横切って下り、砂防堤の上へ。堰堤の横につけられた石段を下って沢に下り立ち、渡渉を繰り返したあと、右岸を下る。

やがて左に往路でたどった虎尾桜の分岐を見送り、そのまま下っていくと案内板の立つ舗装路となる。

民家の間を抜けるとトイレのある登山口へ出て、車道を緩やかに下ると大駐車場が見えてくる。

八丁のケルン越しに望むたおやかな福智山。

福智山山頂にある山座同定盤。

山行アドバイス

①虎尾桜から尾根道へ取りつく地点が分かりにくい。
②八丁への上りは急登が続く。焦らずゆっくり登ろう。
③源平桜の開花は、虎尾桜より1週間から10日ほど遅れる。
④下山路の砂防堤下の渡渉は、岩に付けられたペンキマークをたどると分かりやすい。

八丁ノ辻から右を取り、次の三差路を左折した所にある水場。ここから上野越を目指して下る。

上野越から左に取って下ると、林道に出合う。その下り口。

復路は八丁ノ辻へ下り、この道標から右へ折れる。左手は往路にたどった道。

西ルート 18

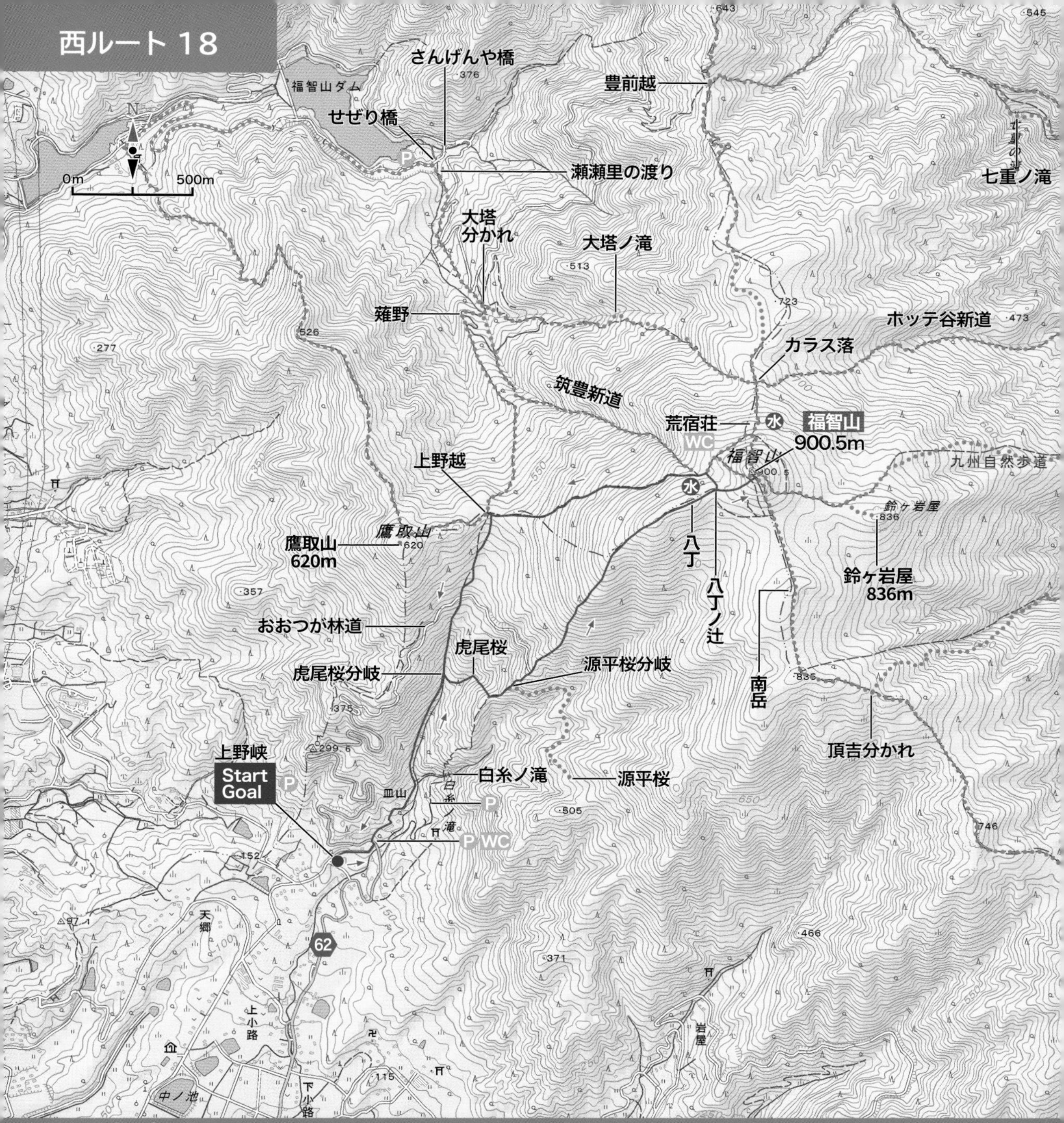

山行データ

標高	福智山＝900.5m
単純標高差	約 750m
歩行時間の目安	約 2 時間 50 分
緯度経度（スタート地点）	33 度 43 分 38.50 秒 130 度 47 分 7.93 秒
MAPCODE®	96 784 710*28

■参考タイム

上野峡駐車場～ 30 分～虎尾桜～ 60 分～八丁ノ辻～ 10 分～福智山～ 30 分～上野越～ 40 分～上野峡駐車場（往路＝1 時間 40 分／復路＝1 時間 10 分）

■関係市町村

直方市商工観光課＝0949（25）2156

上野峡から福智山と白糸ノ滝

直方市民がこよなく愛する道

上野峡～上野越～福智山～八丁～白糸ノ滝～上野峡　＊周回

福智山山頂の西にあるたおやかな丸いピークが八丁である。これを下って周回する。

三差路の取りつき点から沢に沿って詰めると、やがて砂防堤に突き当たる。

上野登山口のトイレ（奥）と駐車場。ここは身障者用と考えて、できるだけ車道を下った所にある大駐車場を利用しよう。

上野《あがの》登山口は、直方市民の憩いの場、上野峡にある。ここを基点に上野越から福智山山頂に立ち、山頂西の八丁を経て白糸ノ滝を見て戻る周回ルートである。

上野峡の広い駐車場を出発し、上野登山口から民家の間の舗装された坂道をたどる。かつては温泉施設や料亭があったが、今はない。舗装路が終わる三差路が取りつき点で、右へ白糸ノ滝への道を分ける。

直進して沢沿いを登り、勘亭流の派手な道標の立つ虎尾桜への分岐を右手に見送る。やがて左岸へ移り、再び右岸へと渡渉を繰り返すと砂防堤に突き当たる。

左手にある手すりのついた石段を登って堰堤の上の道へ出る。そこから少し登り、おおつが林道に出て、これを横断。林の中をひと上りすれば、ベンチのある上野越に到着だ。

ここから右に取って自然林の中をひたすら登る。長い上りだが、美しい樹林が疲れを癒してくれる。登り続けるうちに水場を見た先で三差路に出合う。左に取り、尺岳への道標が立つ分岐に出て、その右側を直登すると樹林の中から抜け出し、周りがカヤトやクマザサに覆われた急斜面を登って福智山山頂へ飛び出す。

山頂で大きな展望を楽しんだら、西の八丁を目指して下ろう。正面に見える丸いピークが八丁で、急坂をいったん下って鞍部の八丁ノ辻へ出る。直進して手前のピークへ達し、振り返ると雄大な福智山山頂が望まれる。

緩く下って次のピークに達すると、左手に大きな八丁のケルンがある。ここか

西側ルートの要所の一つ、上野越。ベンチがあり、ひと休みしていく登山者が多い。

水場の先にある三差路。どちらを取っても山頂へ出るが、左を取り、すぐ右へ登るほうが早い。

平尾台・貫山方向の眺め。福智山山頂に立てば、季節ごとに趣を変える展望を楽しめる。

おおつが林道に下り立つ。

復路は八丁を越えてゆく。このあと、長い八丁尾根の下りが待っている。

虎尾桜分岐を見送って下る。

八丁尾根の下り。気の抜けない急坂が続く。

らの眺望も素晴らしい。西に山城跡の鷹取山山頂を見下ろしながら下って樹林帯へ入り、さらに下ると傾斜は増し、延々と続く長いロープ場が待っている。ここから先が手強い所だ。慎重に下ろう。

やがて三、四個の大きな露岩のある場所を通過した辺りからスギの植林帯に変わり、それを抜けるとおおつが林道に下り立つ。

これを横切って小さな花崗岩の岩場を通過すると、源平桜分かれの道標に出合う。登山道はこの辺りから砂礫《されき》の溝状となる。

次の虎尾桜の道標を見送ってさらに下ると、樹間から上野峡を俯瞰できる所を数ヵ所通過する。丸みを帯びた花崗岩の急斜面に削り込まれた足場を選んで下り続け、沢音が大きくなる辺りから傾斜はさらに増す。

この斜面は木の根などをつかんで慎重に下ろう。下り立った右手に不動明王がおわし、左手を見上げると白糸ノ滝が豪快に落ちている。全景を見るならば、すぐ下の滝見橋がいい。

滝見が終わったら濡れた岩場に張られたクサリを伝って沢へ下り、飛沫を上げる渓流を眺めながら滝場を通過する。

そのあと、樹林の中の滝見歩道を進むと、取りつき点の三差路に出る。ここから舗装された坂道をたどって上野登山口へ戻り、車道を右へ下れば上野峡の駐車場である。

山行アドバイス

①砂防堤に突き当たるまでの渡渉点は、黄色の丸印や矢印を追って進もう。
②白糸ノ滝へ急斜面を下る際の手がかりは、強度など安全を確認のこと。
③車は上野登山口のトイレ横や角の民家の下にも止められるが、登山口から200メートル下った所に広い駐車場がある。
④本ルートとは逆に往路を白糸ノ滝〜八丁として周回してもよい。その場合は、上野登山口のトイレの手前から舗装林道を詰めた所に白糸ノ滝駐車場がある。復路は取りつき点の三差路へ下り、白糸ノ滝へ戻って周回する。選択のポイントは、長くて急な八丁尾根を上りに使うか、下りに使うかである。

上野峡のシンボル、白糸ノ滝。

滝見橋の手前から白糸ノ滝を左に見て沢に下りてゆく。濡れた足場に注意しよう。

滝見歩道に立つ道標。かじか橋（赤い鉄橋）を左手に見た先にある。

西ルート 19

山行データ

標高	福智山＝900.5m
単純標高差	約 750m
歩行時間の目安	約 2 時間 45 分
緯度経度 （スタート地点）	33 度 43 分 38.50 秒 130 度 47 分 7.93 秒
MAPCODE®	96 784 710*28

■参考タイム

上野峡駐車場～ 45 分～上野越～ 40 分～福智山～ 15 分～八丁～ 50 分～白糸ノ滝～ 15 分～上野峡駐車場（往路＝1 時間 25 分／復路＝1 時間 20 分）

■関係市町村

直方市商工観光課＝0949（25）2156

安入寺から赤松尾根経由で尺岳

ベテラン好みの渋い周回路

安入寺～龍王ヶ丘公園～赤松尾根～尺岳～四方越～安入寺　＊周回

赤松尾根。370メートル標高点をすぎるとしばらくは平坦路だが、その先から急登のロープ場が続く。

龍王ヶ丘公園の広場を目指して登る。

駐車地点（奥）と龍王ヶ丘公園の入り口。

直方市安入寺《あんにゅうじ》にある赤松尾根の末端から尾根をたどり、九州自然歩道（縦走路）に出て尺岳へ至る。復路は尺岳ノ肩から四方《よも》越を経て安入寺へ下る周回ルートである。

県道28号の竜王峡の標識がある三差路を左に取って坂道を上り、公民館の少し先の龍王ヶ丘公園入り口下の路肩に駐車する。

ここは赤松尾根の末端に当たり、坂道を登っていくと龍王ヶ丘公園の道標がある。それに従って進み、公園の広場へ。右手の奥にトイレを見て、正面の一段高い所にある石碑の左横が取りつき点である。

テープを確認して赤松尾根に取りつくと、いきなりの急登である。木の根などをつかみながら、テープや赤いプレートに導かれて注意深く登ろう。ひと上りで頂稜の末端に乗ると、地形図370メートル標高点の標柱がある。

ここから忠実に赤松尾根をなぞって北東へ進む。少しヤセているが、ほとんど高低差がなく、周りの自然林から吹き上げてくる風が心地よい。やがて上りとなり、小ピークを乗っ越す。

その辺りから地形図では読み取れない小さなアップダウンが続き、短いロープ場を下れば鞍部に着く。ここから東向きに進路を変えると、高低差140メートルの急登が始まり、次々にロープ場が現れる。

「登山者の方、足下に注意」のプレートが下がっている辺りからがこのルートの正念場で、一番長いロープ場となる。足下を確認して焦らずゆっくり歩こう。

一歩一歩踏み締めて登ればロープ場は終わり、勾配が緩くなって頂稜に乗る。心地よい樹林の中を進むと、竜王峡方面を示す道標が立つ縦走路に飛び出す。

左に取り、アカマツが交じる気持ちのよい縦走路を緩く下れば、広々とした尺岳平である。ここから東屋の横を通って、ひと上りで尺岳山頂へ。絶壁の上の頂は高度感があり、大きな眺望が待っている。

広場の一段高い所にある石碑。この左を抜ける。

ルート上には赤い札がつけられている。

ロープ場に出合う。ここから先が正念場で、きつい急登が続く。

縦走路に飛び出すと、正面に九州自然歩道の道標が立っている。

尺岳平に戻り、ベンチでひと息入れたあと、縦走路を皿倉山方面へ。２００メートルほど下れば尺岳ノ肩に着き、道標に従って左へ下る。

　荒れた旧キャンプ場のかまど跡のそばをすぎれば、沢沿いのゴロ石の道に変わる。小さな岩場をすぎ、自然林の山腹を巻きながら進むと、鉄塔の下で一時視界が開け、安入寺方面が見下ろせる。

　四方越はそこからすぐの所で、左に取って安入寺方面へ。最初は植林の中につけられた九十九《つづら》折りで、一時自然林の中を通るが、再び植林の中の下りに変わって沢を渡る。

　以後、数回渡渉して小滝などを眺めながら沢沿いをたどり、砂防堤の横につけられたコンクリートの階段を下りると作業道となる。

　二つめの砂防堤をすぎ、作業場の下を通過して橋を渡ると舗装路に出る。この道を緩く登れば、クヌギの疎林の手前に駐車した車が見えてくる。

山頂直下の尺岳平。昼食や小休止にもってこいの場所だ。

復路は皿倉山方向へ。尺岳ノ肩に立つ道標。ここから左に取り、四方越方向へ下る。

山行アドバイス

①赤松尾根ルートは急登のロープ場が多い。そのため上りに使うほうがよい。ただし、意外に山深く、ビギナーだけの入山は禁物だ。経験者と同行のこと。

②赤松尾根ではアカマツは見られず、縦走路に出て初めてアカマツに出合う。

③路肩に駐車ができない場合は、竜王峡キャンプ村駐車場に止め、背後の階段を登って左へ進めば、龍王ヶ丘公園へ登る道に出る。

四方越。直進は金剛山、右はケヤキ谷の畑登山口。安入寺は左に取って下る。

四方越へ向かう途中に視界が開け、下界を見下ろす地点がある。

渡渉を繰り返しながら沢に沿って高度を下げてゆく。最後は砂防堤から作業道に出る。

安入寺への下山路。最初は植林の中を九十九折りに下る。

山行データ

標高	尺岳＝608m
単純標高差	約 460m
歩行時間の目安	約 2 時間 45 分
緯度経度 （スタート地点）	33 度 46 分 17.43 秒 130 度 46 分 57.81 秒
MAPCODE®	16 064 186*00

■参考タイム

安入寺公民館～ 80 分～縦走路出合い～ 15 分～尺岳～ 30 分～四方越～ 40 分～安入寺公民館（往路＝1 時間 35 分／復路＝1 時間 10 分）

■関係市町村

直方市商工観光課＝0949（25）2156

Chapter 3
西ルート
21

竜王峡から尺岳
美しい沢と樹林のハーモニー

竜王峡～山瀬越～尺岳～尺岳ノ肩～四方越～竜王峡　＊周回

立派な看板が目立つ竜王峡入り口。

竜王峡キャンプ村の駐車場（7～8 月は有料）。

まずは龍王神社に参拝し、一ノ滝を見物していこう。

直方市の北東部に位置する竜王峡を基点に小滝、滑《なめ》滝《たき》をたどって山瀬越へ至り、九州自然歩道（縦走路）を通って尺岳に登頂。復路は尺岳ノ肩から四方《よも》越を経て竜王峡に戻る周回ルートである。

竜王峡キャンプ村の駐車場を出て車道を登ると、すぐに竜王峡の看板が現れる。龍王神社の鳥居をくぐって参拝し、一ノ滝を眺めてから登り始めよう。

取りつき点の目印は「福智山」と書かれた丸太の標柱で、バンガローの間を縫って植林の中につけられた木段をたどる。すると、龍王ヶ丘公園の下からきた作業道に出合う。正面に配水場の建物があり、その下に立つ道標に従って右へ。

竹林を抜け、堰堤の上が通路になった砂防堤を右に見送る。その先、狭くなった道を沢に沿って進む。

この辺りから連続して現れる小滝、滑滝を眺めながらの心地よい上りが続く。ほどなくして二つの沢が出合う地点に到着。そこにルート案内板が立っているから確認しておこう。

案内に従って右側の沢に沿って進めば、再び沢の合流点に出合う。道標に従って登ると、すぐに水音が消えて涸れ沢となる。足下はゴロ石で、踏み跡は薄いが、赤ペンキマークがある。

やがて涸れ沢から離れ、山腹につけられた土道に変わる。それを九十九《つづら》折りに登って源頭部のガレ場に出る。ゴロ石の中を登り詰めると植林の中の土道に変わり、緩く登って頓野《とんの》林道に出合う。これを横切れば、ひと上りで縦走路の山瀬越に到着だ。

ここから左に取って高低差の緩い稜線を進み、再び頓野林道に出合う。これを横切り、すぐに竜王峡へ下る私標を見送る。

その先、緩く登って赤松台の道標から左に折れ、アカマツ交じりの稜線をたどる。頭上が開けたら尺岳平で、東屋の横を通ってひと

バンガロー横の取りつき点。「福智山」と書かれた標柱から丸太の階段を登っていく。

頓野林道に出合う。ここは横切って山瀬越方向へ進む。

ルート案内板が立つ二つの沢の合流点。ここから右手の沢を詰めていく。

山瀬越から左に折れ、縦走路を北上すると再び頓野林道に出合う。ここも直進する。

水音が消えると涸れた沢になる。踏み跡は薄いが、赤ペンキマークがある。

福智山系の中でも人気のある尺岳山頂。高度感と見晴らしのよさが魅力である。

四方越。ここから左に折れて竜王峡へ。直進は金剛山、右はケヤキ谷（畑登山口）に至る。

尺岳ノ肩に立つ道標。ここから左へ折れて四方越へ向かう。

四方越からの下りは、九十九折りのあと、沢沿いをたどり、数回渡渉する。

上りで、展望に優れる尺岳山頂へ着く。

　復路は、皿倉山方面に向かって200メートルほど下る。尺岳ノ肩にある道標に従い、左手の四方越方面へ。荒れた旧キャンプ場のかまど跡のそばを通って沢沿いのゴロ石の道をたどり、小さな岩場を下る。

　自然林に包まれた山腹を巻きながら緩やかに下って、鉄塔の下を通過。そのとき、視界が開けて安入寺方面が望まれる。四方越はそこからすぐの所だ。

　竜王峡方面に左折して、植林の中につけられた道を九十九折りに下り、沢を渡る。その後、数回渡渉し、植林の中を沢沿いに下っていく。

　やがて砂防堤に出合い、コンクリートの階段を下ると部分的に簡易舗装された作業道になり、二つめの砂防堤を見送って橋を渡ると舗装路になる。

　この道を緩く登り詰め、行く手にクヌギの疎林が見えると、左手に龍王ヶ丘公園への登り口がある。これを鋭角に左折し、坂を少し登った所に竜王峡を指し示す道標がある。

　そこから右折して植林の中を緩く下れば、右下に竜王峡キャンプ村の駐車場が見えてくる。

山行アドバイス

①竜王峡上部の沢沿いの道は、小滝、滑滝が連続し、上りの疲れを感じさせないだろう。

②竜王峡から頓野林道まで私標ながら立派な道標が立っている。

③四方越からの下りで、岩が濡れていると滑りやすい所が一ヵ所ある。要注意。

④竜王峡キャンプ村駐車場は私有地で、7〜8月のキャンプシーズンは有料となる。シーズンオフは無料で使わせてもらっている。節度を持って利用したい。

砂防堤に出たら、横のコンクリート階段を下る。

龍王ヶ丘公園にはキャンプ村へ通じる道がある。

山行データ

標高	尺岳＝608m
単純標高差	約 460m
歩行時間の目安	約 2 時間 55 分
緯度経度 （スタート地点）	33 度 46 分 12.65 秒 130 度 47 分 6.04 秒
MAPCODE®	16 064 075*05

■参考タイム

竜王峡キャンプ村駐車場～ 5 分～竜王峡～ 60 分～山瀬越～ 40 分～尺岳～ 10 分～尺岳ノ肩～ 20 分～四方越～ 40 分～竜王峡キャンプ村駐車場（往路＝1 時間 45 分／復路＝1 時間 10 分）

■関係市町村

直方市商工観光課＝0949（25）2156

竜王峡から山瀬越を経て雲取山

渓谷と尾根道を堪能する

竜王峡〜山瀬越〜雲取分かれ〜雲取山〜頓野林道〜竜王峡
＊周回

雲取山山頂の東側にそびえ立つ山の主のようなイチイガシの巨木。ランドマークとして覚えておきたい。

竜王峡の入り口。キャンプ村の駐車場から左に歩いてすぐの所。

「福智山」の標柱を目印にキャンプ村のバンガロー群の間を登ってゆく。

バンガローを縫って丸太の階段を登ると、配水施設の建つ作業道に出る。ここは右へ折れる。

清流が走る竜王峡の沢。作業道から山道に入ってこの沢を詰め上がる。

福智山山頂の北北西に位置する標高点ピークが雲取山で、標高は607メートル。直方市の奥座敷、竜王峡を基点に登ってみよう。

ルートの概略は、山瀬越を経て九州自然歩道（縦走路）を進み、雲取分かれから雲取尾根を下って頓野《とんの》林道に出合い、再び尾根をたどって雲取山に登る。復路は、頓野林道の途中から下って竜王峡へ周回。渓谷と樹林の尾根道を堪能できるルートである。

竜王峡キャンプ村の駐車場に車を置き、車道を少し進むと竜王峡を示す看板がある。龍王神社の鳥居をくぐって参拝。一ノ滝を見たあと、「福智山」と書かれた標柱からバンガローの間を縫って丸太段を登れば、間もなく作業道に出る。

正面に配水施設の建物があり、その下にある道標に従って作業道を右へ進む。竹林を抜けて砂防堤を見送ると、作業道は終わって山道に変わる。

沢に沿って進み、連続する小滝や滑滝《なめたき》を眺めながら登っていこう。やがて左から沢が流れ込む地点に達し、そこにルート案内板が立っている。

案内の通り沢を渡り、右の沢沿いに登る。ほどなくして再び沢の合流点に出合うが、ここも道標に従って右の沢へ。すぐに水音が消えて涸れ沢となり、岩につけられた赤ペンキマークを追ってゴロ石の中を登る。

やがて山腹につけられた九十九折《つづら》りの土道に変わり、これをたどって沢の源頭部へ出る。

源頭部のゴロ石の中を少し登り、左手の支尾根へ取りつけば、すぐに尾根に乗る。植林の中を緩く登って頓野林道に出合い、これを横切ればひと上りで縦走路の山瀬越に到着する。

山瀬越を右に折れて縦走路を少し進み、雲取分かれの道標から右へ雲取尾根の

頓野林道に出る直前の登山道。ゴロ石の多い沢の源頭部を抜けると歩きやすくなる。

雲取分かれ。九州自然歩道の道標に従って右へ折れる。

縦走路のポイントの一つ、山瀬越。ここを右折。

頓野林道にある雲取山の取りつき点。

最高点まで登り、尾根を緩く下れば再び頓野林道である。雲取山の取りつき点は林道の脇にあり、昔KDDの電波塔があったピークの南を巻いて少し進むと尾根に乗り、尾根通しに登っていくと三差路に出合う。

それを右へ下る途中、大きく根を張って高くそびえ立つ山の主のようなイチイガシの巨木を見る。

そして、下り切った鞍部からいよいよ急登に取りつき、急斜面に張られた長いロープ場をゆっくり登れば頂上へ飛び出す。

山頂の南側に福智山から鷹取山が望まれ、西側は筑豊地方を見下ろせる。東と北は残念ながら樹林に遮られている。

復路は、雲取山の急斜面を慎重に下り、鞍部からイチイガシの巨木のそばを登って三差路へ。ここを左折し、尾根を下れば頓野林道へ出る。林道を左へ約500メートル進み、往路に通った竜王峡から山瀬越へ続く分岐に着く。

左へ支尾根を下り、左へ折れて沢の源頭部から左側の山腹を下って涸れ沢に出る。ゴロ石の赤ペンキマークを追って進むと、ルート案内板がある沢の合流点に出合う。沢を渡って滑滝などを眺めながら下ろう。

砂防堤を見送ると道幅が広くなり、配水施設まで進んで竜王峡の道標から左へ。丸太段を下り、竜王峡を通って太鼓橋を渡り、車道をたどれば竜王峡キャンプ村の駐車場へ戻る。

さして広くない雲取山の山頂。古い山頂標識が立っている。

山頂直下の急登にはロープが張られている。だが、頼らないほうがいい。

雲取山山頂からの展望。左から福智山、八丁。いったん大きく下がって鷹取山を望む。

復路、竜王峡上部のガレ場を下る。

竜王峡への下り口。作業道から左に入る。

山行アドバイス

①竜王峡から雲取山取りつき点までは道標完備。雲取尾根はテープをたどれば迷うことはない。なお、雲取山山頂直下に張られたロープは頼りにならない。

②雲取山手前の三差路で、往路に左へ行ったり、復路に直進したりすることがある。ここは要注意。また、竜王峡の下りは、雨後など濡れた岩に注意。

西ルート 22

山行データ

標高	雲取山＝607m
単純標高差	約 460m
歩行時間の目安	約 3 時間 35 分
緯度経度 （スタート地点）	33 度 46 分 12.65 秒 130 度 47 分 6.04 秒
MAPCODE®	16 064 075*05

■参考タイム

竜王峡キャンプ村駐車場～ 5 分～竜王峡～ 60 分～山瀬越～ 5 分～雲取分かれ～ 20 分～雲取山取りつき点～ 30 分～雲取山～ 25 分～雲取山取りつき点～ 10 分～頓野林道出合い～ 60 分～竜王峡キャンプ村駐車場（往路＝2 時間／復路＝1 時間 35 分）

■関係市町村

直方市商工観光課＝0949（25）2156

コラム・3

福智山系縦走について

現状は一日で歩き通す人がほとんどだが、一泊二日のテント泊縦走で福智山からご来光を拝むのも悪くない。

福智山系縦走は、ロングトレイルとしては距離も比較的短く、一日で歩けることから北九州や筑豊の岳人たちの間では昔から人気が高い。夏の日本アルプス遠征のトレーニングにも向いている。

しかも、起点となる皿倉山はＪＲ八幡駅に近く、終点の牛斬《うしきり》山山麓にはＪＲ採銅所駅があり、公共交通機関を使える便利さも見逃せない。距離は約28キロ、休憩を含まない歩行時間は8時間30分から9時間30分ほどが目安である。

テントを担いで一泊二日という手もあるが、現状は一日で歩き通す人がほとんどである。テント、食料、水といった装備が増え、そのぶん荷物が重くなるからだと思われる。そのほか、休みの都合もあろうか。

逆に一泊二日にするメリットもある。時間的に余裕があること、福智山山頂でご来光が拝めることなどで、幸い福智山山頂直下には荒《こう》宿《しゅく》荘という避難小屋とタヌキ水があることを考えれば、一泊二日の行程にも妙味があると言える。

できるだけ軽い装備で一日で歩き通すか、多少荷物が重くなってもゆっくり二日に分けて歩くか。判断のポイントはそこにあるが、いずれにしても体力と経験に合わせて無理のない計画を立てることが肝要である。

福智山山頂から北方向に広がる、はるかなる山並み。遠景は皿倉山。そこから南端の牛斬山まで長い縦走路が通っている。

Chapter 4
North Route
北ルート

Chapter 4
北ルート
23

ケヤキ谷から尺岳・福智山

樹陰の稜線をたどって縦走

ケヤキ谷～四方越～尺岳ノ肩～尺岳～山瀬越～
豊前越～カラス落～福智山　＊縦走往復

福智山山頂からの展望。英彦山・犬ヶ岳山系の奥にくじゅう連山がのぞく。

車止めのゲートを抜けたあと、広河原を渡る。ケヤキ谷周辺は自然林が多く、風情がある。

県道 61 号沿いにあるケヤキ谷駐車場。カーブミラーの奥から取りつく。

旧キャンプ場跡を抜けて尺岳ノ肩へ。

四方越からトラバース気味に進み、ガレた沢へ。

北九州市八幡西区畑のケヤキ谷から尺岳へ登り、九州自然歩道（縦走路）を通って福智山に登頂後、再びケヤキ谷に戻ってくる縦走往復ロングルートである。

県道61号沿いにあるケヤキ谷駐車場からゲートを抜けて畑林道を進む。広河原《ひろがわら》の流れを渡って傾斜が増してくると林道の終点だ。

ここから山道に入り、九十九折《つづら》りの上りを続けて支尾根に乗り、山腹を巻き気味に登ると四方《よも》越に着く。東の尺岳と西の金剛山との鞍部で、右は金剛山、直進すれば安入寺《あんにゅうじ》へ下る。

尺岳を目指すには左を取り、鉄塔の下を通過して山腹をトラバース気味に進む。そのあと、支尾根をまたぎ、道幅の狭いトラバース道を進むとガレた沢に出合う。

左側の小さな岩場を抜けて沢をまたぎ、右側を登る。やがて荒れ果てた旧キャンプ場のかまど跡と水場に出て、草に埋まったテント場跡を登ると尺岳ノ肩へ飛び出す。右に取り、左に尺岳平を見送ってひと上りすれば尺岳山頂へ到着だ。展望を楽しんでいこう。

山頂から尺岳平へ下り、東屋の横から九州自然歩道の縦走が始まる。緩やかな上りのあと、アカマツ交じりの尾根を通過。赤松台で直角に右折し、緩く下って縦走路と交差する頓野《との》林道に出合う。

林道を横切り、緩いアップダウンを繰り返して大きく下った所が山瀬越だ。ここからなだらかな上りの自然林の中を快適に進み、急坂を下ると今度は豊前越。案内板やベンチがあり、ひと息入れるにちょうどいいスポットである。

ここから最初は緩い上り

尺岳山頂。

カラス落から登った右手に建つ荒宿荘。この裏手にバイオトイレ、登山道を挟んだ反対側にタヌキ水がある。

尺岳平から縦走路を南へたどる。

頓野林道を横断する地点。

小休止にもってこいの豊前越を通過。

福智山山頂に積まれたケルン。

ケヤキ谷を流れる黒川の上部に下りてくる。

復路、カラス落から自然林の中を北上する。

だが、九十九折りの上りに変わり、登り切って尾根の西側を進む。やがて行く手に福智山の山頂部が望まれるが、再び樹林の中へ。尾根の東側へ移って緩く登ると、視界が一気に開けてカラス落に出る。

見上げれば福智山の山頂が目前に迫り、急登が始まることを教えてくれる。慌てずにゆっくり登ろう。

左にタヌキ水、右に荒宿《こうじゅく》荘（避難小屋）を見送り、カヤトとクマザサに覆われた急斜面を登り、小さな露岩を乗り越え、石祠の横を通ると福智山の山頂へ飛び出す。文字通りの360度の眺望が待っている。

復路は、往路を忠実になぞろう。山頂の北斜面を下り、カラス落から自然林の中を緩やかな下りと平坦路でピッチを上げ、大きく下って豊前越へ。

急坂を登って平坦路を進み、緩く下って山瀬越を通過。緩いアップダウンのあと、頓野林道を横切り、赤松台で方向を変えて下ると、尺岳平へ到着だ。

ここから皿倉山方面へ向かい、尺岳ノ肩で左折。旧キャンプ場跡からガレ場を下り、山腹を巻きながら進むと四方越に着く。

右に取って山腹を巻きながら支尾根を下り、九十九折りを繰り返して下ると畑林道に出る。林道を黒川の流れに沿って下ってケヤキ谷駐車場へ戻る。

山行アドバイス

①かなりの長丁場ゆえ、早出・早帰りを心がけよう。
②水は福智山北のタヌキ水で得られる。尺岳直下の水場は涸れていることがある。
③尺岳～福智山間は九州自然歩道の道標が完備されている。テーブル・ベンチは尺岳平、頓野林道横断地点、山瀬越、豊前越、荒宿荘（避難小屋）にある。
④尺岳平からカラス落の間は樹陰に恵まれた尾根道で、夏場も快適である。

山行データ

標高	尺岳＝608m 福智山＝900.5m
単純標高差	約 710m
歩行時間の目安	約 5 時間 10 分
緯度経度 （スタート地点）	33 度 47 分 19.39 秒 130 度 47 分 22.14 秒
MAPCODE®	16 125 241*50

■参考タイム
ケヤキ谷駐車場～ 35 分～四方越～ 25 分～尺岳～ 25 分～山瀬越～ 30 分～豊前越～ 40 分～カラス落～ 20 分～福智山～ 15 分～カラス落～ 30 分～豊前越～ 25 分～山瀬越～ 20 分～尺岳平～ 20 分～四方越～ 25 分～ケヤキ谷駐車場（往路＝2 時間 55 分／復路＝2 時間 15 分）

■関係市町村
北九州市八幡西区総務企画課＝093（642）1442

北ルート 23
N
0m
500m
ケヤキ谷
Start
Goal
畑観音釈王寺
61
後金剛
574m
畑林道終点
四方越
尺岳ノ肩
尺岳
608m
尺岳平
赤松台
赤松尾根
28
竜王峡
竜王峡キャンプ村
駐車場
頓野林道
山瀬越
直方市
雲取分かれ
雲取山
607m
山瀬三差路
頓野林道
さんげんや橋
福智山ダム
豊前越
せぜり橋
WC
鳥野神社
七重ノ滝
大塔
分かれ
大塔ノ滝
ホッテ谷
分かれ
薙野
ホッテ谷新道
カラス落
ホッテ平
筑豊新道
荒宿荘
水
福智山
900.5m
WC
九州自然歩道
上野越
水
鈴ケ岩屋
836m
1.8コル
鷹取山
620m
大杉渡り
菅生ノ滝

Chapter 4
北ルート
24

ケヤキ谷から尺岳を経て畑観音
四方越と観音越をつなぐ道

ケヤキ谷～四方越～尺岳～尺岳ノ肩～田代分かれ～観音越～畑観音～ケヤキ谷　＊周回

尺岳の山頂西側は、高度感のある断崖絶壁だ。そこから金剛山を望む。

ケヤキ谷駐車場は、八幡西区の畑貯水池の上部、県道 61 号沿いにある。

ケヤキ谷駐車場から県道 61 号を渡った地点が畑林道の入り口で、ここから入山する。

北九州市八幡西区畑のケヤキ谷から四方《よも》越を経て尺岳へ登り、九州自然歩道（縦走路）を皿倉山方面へ向かい、観音越から畑観音へ下り、ケヤキ谷へ戻る周回ルートである。

ケヤキ谷駐車場から県道61号を横切り、向かいのゲートから沢に沿って畑林道を緩く登っていく。右から小沢が合流している広河原《ひろがわら》を渡り、登り詰めると林道は終わる。山道へ取りついて振り返ると、目印のケヤキの巨木が立っている。

小さな九十九《つづら》折りを経て支尾根に乗る。山腹を巻き気味に登るとやがて尾根に乗り、四方越に着く。直進すると安入寺へ下り、右は金剛山へ道を分ける。左に取り、鉄塔の下を通って山腹を巻きながら登ると、荒れた小沢に出合う。

道標に従って沢のガレ場を登ると廃れた旧キャンプ場跡に出て、水場の前を登り、十字路に出る。ここが尺岳ノ肩で、道標が立っている。道標に従って坂道をたどり、ベンチや東屋のある尺岳平を左に見て登ることすぐで尺岳山頂に達する。西側の絶壁の上から金剛山が間近に望まれる。

尺岳ノ肩まで戻り、縦走路（九州自然歩道）を皿倉山方面へ向かう。尺岳ノ肩を直進し、鉄塔の下を次々と通過して自然林の中を快適に進む。

通称「かえで峠」のテーブルとベンチの横を通過して薄暗い植林の中に入り、溝状の道を下れば田代分かれに着く。九州自然歩道の案内板が立ち、ここにもテーブルとベンチがある。

この先からヤセた尾根となり、小ピークを越えて田代バス停の道標を見送る。

樹林が美しい畑林道を南へたどる。

広河原を抜けて林道終点へ。この先で山道に取りつく。

わずかな九十九折りのあと、支尾根に乗る。

尺岳平。福智山を愛する登山者の憩いの場である。ここから尺岳山頂は10分足らずの距離。

四方越に出て左へ折れる。

尺岳ノ肩から縦走路を北へたどる。

田代分かれから観音越に到着。

尺岳山頂から皿倉山方面を望む。

観音越に立つ音滝山参拝道の石碑。かつて北の田代集落から参拝していた名残だろう。

小さなアップダウンを繰り返すと、いつの間にか尾根の下を貫く県道61号にある畑隧道《はたずいどう》の上を通過しており、大きく下っていくと観音越の鞍部に到着する。

古いコンクリート製のテーブルとベンチがあり、田代側には音滝《いんだき》山参拝道の石碑が立っている。往時、田代方面から峠を越えて畑観音へ参拝した峠道の面影が残っている。

道標に従い、畑観音へ向かって一歩踏み出すと、大きな倒木が行く手を塞ぐ。これは右側から越える。観音越から畑観音のルートは九州自然歩道の一部だが、あまり踏まれていないようである。木の枝や倒木が行く手を塞ぎ、ヤブ化した下草がうるさい。

道に沿って畑導水バルブ調整弁の施設が時折現れ、落ち葉で埋まった鉄製の蓋に耳を近づけると、かすかに水音が聞こえる。

所々崩れて道幅の狭くなった地点を通過して、巨木の脇をすぎると眼下に建物が見えてくる。落ち葉に埋まった木段を下ると、音滝山釈王寺（通称畑観音）の境内である。

目の病にご利益があるという冷水の湧く洞窟の先に観音堂があり、観音様に手を合わせたあと、憤怒の形相の不動明王像が立つ行場の滝を見送って橋を渡り、参道を下ると県道61号に出る。左に取り、県道を登って駐車場へ戻る。

山行アドバイス

①観音越から畑観音間は九州自然歩道の一部で、地形図にも載っているが、荒れ気味である。夏季は避けたほうがよかろう。

②尺岳直下の水場は涸れていることがある。

③畑観音から県道を通って駐車場へ戻る際、距離はわずかながら通行量は多い。車に用心しよう。

畑観音の境内に下り立つ。観音堂は前方奥。

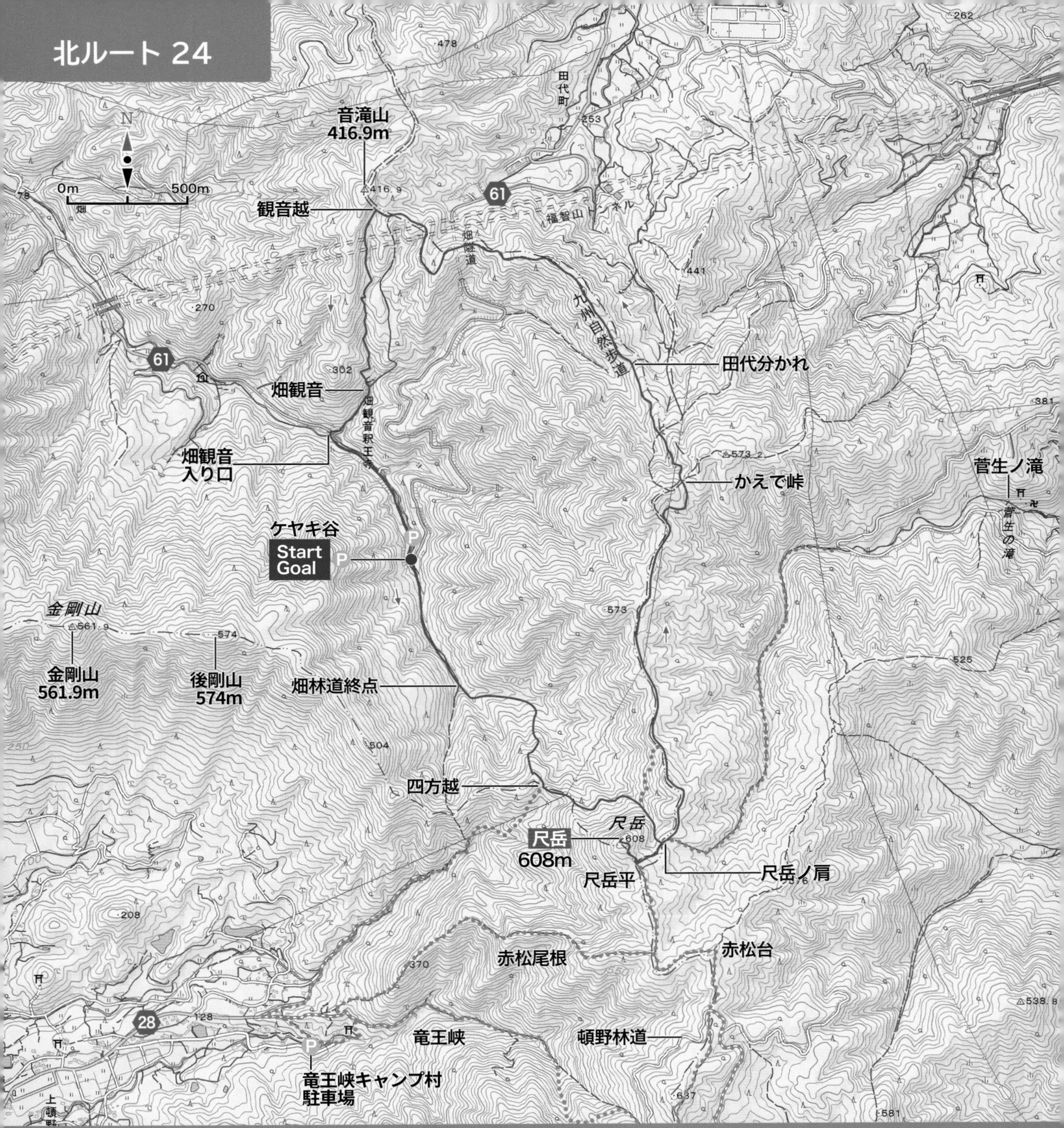

山行データ

標高	尺岳＝608m
単純標高差	約 420m
歩行時間の目安	約 3 時間
緯度経度（スタート地点）	33 度 47 分 19.39 秒 130 度 47 分 22.14 秒
MAPCODE®	16 125 241*50

■参考タイム
ケヤキ谷駐車場〜 35 分〜四方越〜 25 分〜尺岳〜 40 分〜田代分かれ〜 35 分〜観音越〜 35 分〜畑観音〜 10 分〜ケヤキ谷駐車場（往路＝1 時間／復路＝2 時間）

■関係市町村
北九州市八幡西区総務企画課＝093（642）1442

ケヤキ谷から金剛山

修験道の面影を追って

ケヤキ谷～四方越～後金剛（最高点）～金剛山（三角点）＊往復

四方越にある金剛山を示す道標。

ケヤキ谷入り口からまずは四方越を目指す。

北九州市八幡西区畑のケヤキ谷から四方《よも》越経由で全山樹林に覆われた金剛山を往復するという低山ながら深山気分を味わえるルートである。

県道61号沿いにあるケヤキ谷駐車場をあとにして畑林道をたどり、林道終点から登山道に取りつく。九十九《つづら》折りを繰り返すと、四方越に到着する。左は尺岳、直進すれば安入寺《あんにゅうじ》へ下る。

金剛山へ登るには鋭角に右折する。いきなり上りとなって最初の小ピークを乗っ越し、緩く下ると行く手に注連縄《しめなわ》が張られたアカマツの巨木が現れる。

その先の少しヤセた尾根を通過して、鞍部からⅠ峰（約450メートル）に取りつく。急登のあと、Ⅰ峰を乗っ越して進路を北西に取り、鞍部に下るとⅡ峰（504メートル）の尾根に突き当たる。

鞍部から右手のトラバース道に入り、テープに従って急斜面につけられた踏み跡を立木やロープにつかまって横切ると、Ⅲ峰（約520メートル）手前の鞍部に出る。

再び右手のトラバース道に入り、山腹の急斜面につけられた細い道を立木やロープを使って登り、鞍部に至る。目の前に後金剛（Ⅳ峰）が大きく立ちはだかっている。

ここから最高点（574メートル）への長い急登に取りつく。焦らずゆっくり登っていこう。登り詰めると、最高点・後金剛山頂に到着だ。ただし、樹林に囲まれており、残念ながら展望はない。

ひと息入れて次のピークを目指す。自然林とスギの

ケヤキ谷駐車場から畑林道の終点へ。そこから尾根に乗る。四方越まで踏み跡は明瞭だ。

植林の中の踏み跡をたどる。

最初の小ピークを越えると、注連縄が張られたアカマツの巨木に出合う。

トラバース道だが、かなりの急斜面だ。

最高点の後金剛の山頂標識。

後金剛を下り、鞍部を経て金剛山山頂を目指す。

混交林の間につけられた踏み跡を西へ向かって下っていく。

鞍部に着くと、最後のピークである金剛山が目の前にそそり立っている。再び急登に取りつこう。

倒木と放置された間伐材を避けてゆっくり登ると、金剛山山頂へ飛び出す。

三等三角点がある金剛山山頂は、露岩のある小さな草付きの広場。残念ながら周りは樹林に覆われ、展望は利かない。西側の樹林の中に馬場山方面への下り口が見える。

ちなみに、昔は西側の馬場山方面が金剛山の表登山口で、そのため最初のピークを金剛山、その後ろの最高点ピークを後金剛と呼んでいたらしい。西側の金剛山金剛院には山伏の修行場が残っている。

さて、復路は金剛山を下って後金剛を登り返し、次の鞍部からトラバース道を避けてⅢ峰を目指す。テープは少ないが、薄い踏み跡をたどりながら進むと山頂に着く。

辺りには石祠を思わせる岩が積み重なっており、神秘的な雰囲気が漂っている。一帯は金剛山の修験道が盛んだったころの遺構ではないかと思われる。

Ⅲ峰山頂から南東へ方向を変えて急斜面を下れば、次の鞍部だ。ここもトラバース道を取らずにⅡ峰へ登ってみよう。

尾根に取りつき、立木やロープを使って急斜面の薄い踏み跡をたどり、Ⅱ峰へ。そのまま乗っ越して急斜面を下ると、鞍部へ至る。

再び尾根を緩く登ってⅠ峰を越え、東に方向を変えて下り、小ピークを緩く乗っ越して下ると間もなく四方越だ。左に取ったあとは往路を忠実にたどり、畑林道を下ってケヤキ谷駐車場へ戻る。

山行アドバイス

①入山者が少なく、踏み跡が薄い所がある。初心者の単独行は避け、経験者と同行のこと。

②往路はトラバース道ルート、復路は一部尾根ルートを紹介した。ハードだが、尾根ルートだけで往復するのも一興である。

③一ヵ所だけ樹間から福智山が見える場所がある。

復路、Ⅱ峰に向かって登る。

金剛山の山頂標識。展望はない。

四方越。鋭角に左折してケヤキ谷へ。

石祠の残骸と思われる石が積み重なっている。

北ルート 25

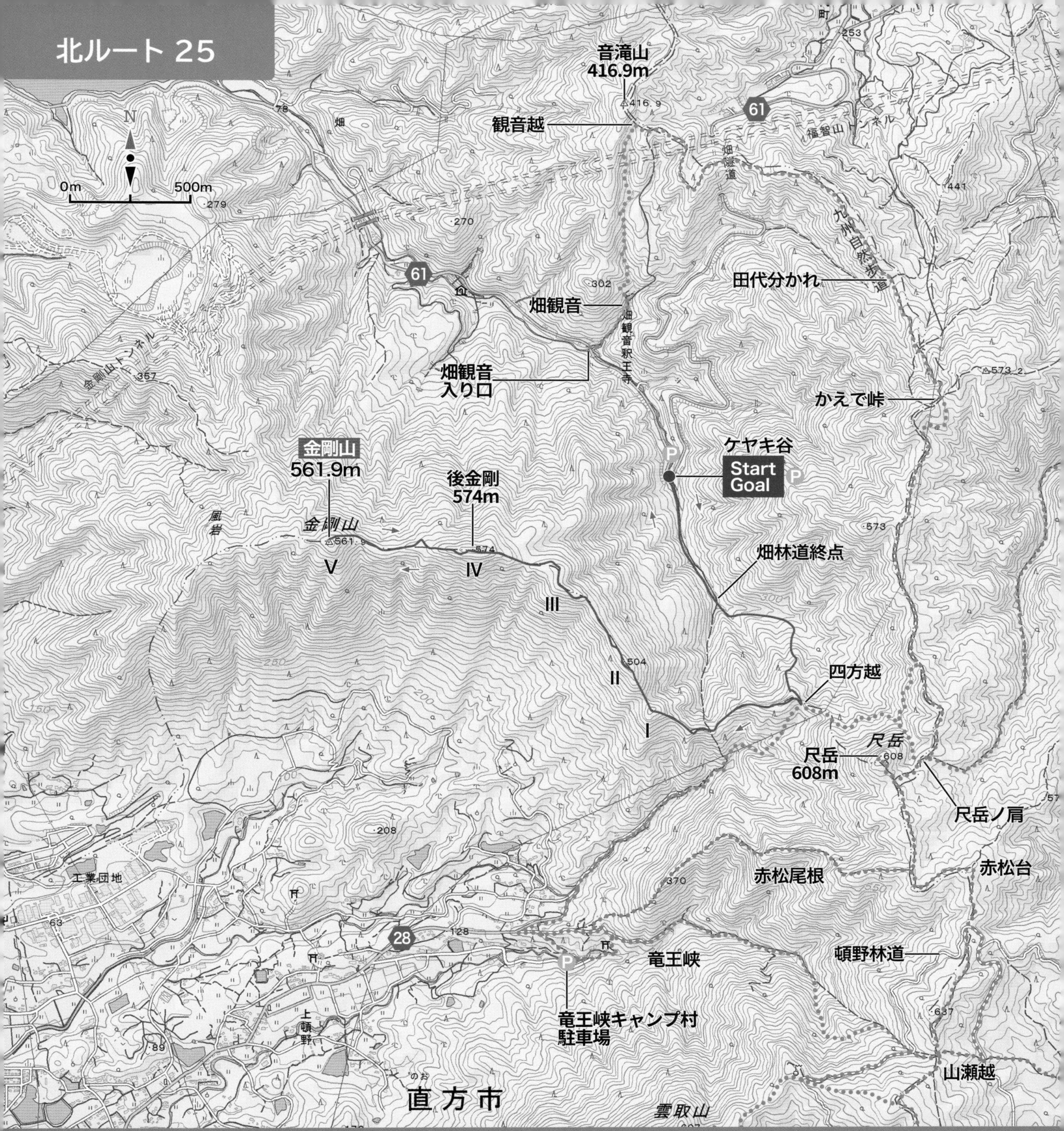

山行データ

標高	金剛山＝561.9m
単純標高差	約 380m
歩行時間の目安	約 4 時間
緯度経度（スタート地点）	33 度 47 分 19.39 秒 130 度 47 分 22.14 秒
MAPCODE®	16 125 241*50

■参考タイム

ケヤキ谷駐車場～ 35 分～四方越～ 90 分～金剛山～ 90 分～四方越～ 25 分～ケヤキ谷駐車場（往路＝2 時間 5 分／復路＝1 時間 55 分）

■関係市町村

北九州市八幡西区総務企画課＝093（642）1442

鱒渕ダム	九州道小倉南インターを降り、国道 322 号の徳光信号から県道 258 号へ入り（鱒渕ダムへの標識あり）、約４キロ先の道原三差路へ出て左折。道なりに進んで鱒渕ダムの堰堤上へ上ると道路脇に駐車スペースがある。もしくは、堰堤の手前から右手に下った所にある鱒渕ダム公園の駐車場を利用する。同公園はトイレ完備。
頂吉	九州道小倉南インターを降り、国道 322 号の徳光信号を左折し、次の信号を左折して県道 258 号を南進。道原三差路で左折して鱒渕ダムを見送り、カーブの多い道を道なりに進む。20 番カーブの先に市民のトイレがあり、その横に３台分の駐車スペースがある。さらに登った十字路の周辺にも３、４台分のスペースがある。
道原貯水池	国道 322 号の徳光信号（鱒渕ダム、菅生ノ滝の表示あり）から県道 258 号へ。次の信号を左折して約４キロ先の道原三差路で右手の県道 28 号へ直進。菅生ノ滝へ向かって１キロ少々で浄水場。道原貯水池はその上部で、右手に駐車場がある。トイレあり。この先から道幅が狭くなり、夏場は涼を求める人で混むことがある。
後入道	目印は国道322号の金辺トンネル。これを抜けて信号を右折（小倉方面からの場合）し、下って観音口信号を右折。すぐ JR 日田彦山線の踏切を渡って左折。次の三差路を右折し、鮎返川２号橋の三差路も右折（登山口の標識あり）。道幅の狭い道を緩く上ると登山者用駐車場がある。この先、少し上った所にも駐車場がある。
採銅所駅	目印は国道 322 号の金辺トンネル。これを抜けて坂道を下り、旧道と合流してゆっくり下ると、井堀バス停がある。その先の右手（小倉方面からの場合）に竹庵（そば屋）の看板があり、そこを右折。橋を渡って道なりに進むと採銅所駅に着く。駐車場は二ヵ所、駅に向かって右手と左へ曲がった線路側にある。
円陣ノ滝公園	国道 322 号の採銅所信号を右折（小倉方面からの場合）。橋を渡って直進し、旧道に出合って左折。道なりに進み、三ノ岳・牛斬山の標識から右折してすぐ JR 日田彦山線の長光踏切を渡る。清祀殿の横を通って道なりに詰め、邦日呂窯前のカーブを通過して舗装路を上ると円陣ノ滝公園の駐車スペースがある。５、６台駐車可。
五徳越峠	円陣ノ滝公園同様、国道 322 号の採銅所信号を右折。橋を渡って直進し、旧道に出合って左折。道なりに進み、三ノ岳・牛斬山の標識から右折してすぐ JR 日田彦山線の長光踏切を渡る。清祀殿の横を通って道なりに詰めて円陣ノ滝公園をすぎ、ヘアピンカーブを通過すると五徳越峠の駐車スペースがある。10 台駐車可。
福智山ダム	国道 200 号直方バイパスの竜王峡ランプ（通称）から県道 28 号に入り、三本松の信号を右折。約３キロ先の十字路で一時停車後、直進して直方いこいの村へ向かい、左手にある小さな「福智山ダム」の標識から左折。内ヶ磯ダム堰堤をすぎ、鳥野神社を通過して橋を渡り、右折。一方通行路を上っていくと駐車場に着く。
内ヶ磯ダム	福岡市方面から国道 200 号直方バイパスで直方方面へ向かい、竜王峡ランプ（通称）から県道 28 号に入って三本松の信号を右折し、道なりに進む。約３キロ先の十字路で一時停車後、直進。直方いこいの村へ向かうと、すぐ左手に小さな「福智山ダム」の標識がある。ここを左折して道なりに進むと内ヶ磯ダム駐車場に着く。
上野峡	福岡市方面から九州道八幡インターを降り、国道 200 号直方バイパスに入って直方方面へ。下境出口を降りて県道 22 号（田川バイパス）を香春方面へ進む。宮馬場信号を左折して県道 62 号へ入り、坂道を上ると上野峡登山口に着く。駐車場はトイレ横にもあるが、左折して下ると大駐車場がある。
安入寺	九州道八幡インターを降りて国道 200 号直方バイパスに入り、直方方面へ進む。竜王峡ランプ（通称）を出てすぐに県道 28 号と出合い、左折して道なりに進む。三差路に出合い、左側の坂道を登っていくと左手に安入寺公民館がある。その先、左手に少し下った舗装路の路肩（龍王ヶ丘公園入り口そば）に駐車する。
竜王峡	九州道八幡インターを降りて国道 200 号直方バイパスに入り、直方方面へ進み、竜王峡ランプ（通称）を出る。すぐに県道 28 号と出合い、左折して山手に向かって道なりに進むと三差路に出合う。竜王峡の標識があり、右に取って進むと左手に広い竜王峡駐車場がある。夏季（７～８月）は有料になる。
ケヤキ谷	北九州都市高速小嶺インターを降り、国道 200 号に入って直方方面へ向かい、香月東口信号を左折して県道 61 号へ入る。畑貯水池の縁を通って道なりに進み、左手に畑観音を見送る。その先のヘアピンカーブの左側に駐車場がある。満車の際は 200 メートル先に千本桜展望台駐車場がある。

Chapter 5

Sarakurayama

皿倉山

Chapter 5
皿倉山
01

山麓駅から国見岩を経て皿倉山

福智山系北端の頂を目指す

山麓駅～煌彩の森コース～国見岩分岐～国見岩～皿倉山～
皿倉平～煌彩の森コース～山麓駅　＊周回

福智山系の北端には四つの峰が連なっている。皿倉山、権現山、帆柱山、花尾山がそれで、一帯は北九州国定公園に指定され、帆柱山系とも呼ばれる。中でも電波塔が立ち並ぶ皿倉山はすぐにそれと分かる山容をしており、北九州市のランドマーク的な存在である。豊かな自然が残り、市民の憩いの場として人気が高い。

その表玄関が皿倉山ケーブルカー山麓駅。三階建ての立体駐車場（24時間300円）が整備され、好天の休日ともなれば、観光客を含めて満車になることもある。また、JR八幡駅からシャトルバスが運行しており、足慣らしがてら歩いても約30分。マイカーの場合は、北九州都市高速大谷インターチェンジから約5分とアプローチは容易だ。

ここでは、メインルートである「煌彩《こうさい》の森コース」を少しアレンジし、国見岩を経由して山頂に至る周回ルートを紹介しよう。

立体駐車場の公衆トイレのすぐ先、右手にある登山口から取りつく。周囲は気持ちのよい自然林で、沢の音が耳に心地よい。登路は「皿倉山表登山道」といわれる車道に沿ってついている。そのため、途中で二回車道の脇を通ったのち、法輪禅寺を右手に見た先で車道を横断する。

さらに5分ほど詰めると、細い舗装路に行き当たる。そこを右に曲がると、県立ふれあいの家（施設は2017年10月1日に廃止）に隣接する広場に出る。ここでひと息入れよう。

この先、周囲の森は植林に変わるが、車道から離れ、車を気にすることなく歩ける。メインルートだけあって足下はよく踏まれ、適度な傾斜の歩きやすい道が続く。途中、帆柱稲荷登山口方面への分岐をすぎ、10分ほどで煌彩の森コース最大の難所、見返坂に差しかかる。それまでの歩きやすい道から一転して直登の階段が待ち受けている。先を見ると怯んでしまいそうだが、嬉しいことに勾配の緩い迂回路が設けられている。体力に自信がない人や子ども連れは迂回路を利用するといい。

見返坂を登りきると、すぐに国見岩分岐に出合う。ここが周回ルートのポイン

皿倉山ケーブルカー山麓駅の立体駐車場。好天の休日ともなれば、満車になることもある。

見返坂取りつき点辺りまで豊かな広葉樹の森が続く。未来に継承したい貴重な財産である。

煌彩の森コースの取りつき点。ふれあいの家の手前まで車道に接する所がある。

ふれあいの家広場。いったん車道に出て右へわずかで取りつき点がある。

右手が直登の見返坂。長い丸太のステップが続く。左手になだらかな迂回路があるから安心だ。

本ルートのハイライトの一つ、国見岩。神功皇后伝説にちなむ岩場からの眺めは文句なしの絶景である。

国見岩分岐。左を取って国見岩を目指す。直進すると皿倉平に至る。

ト。煌彩の森コースは直進し、皿倉平を経て山頂に至るが、ここは左を取り、国見岩へ続くトラバース道に入ろう。この道は、皿倉山ケーブルカーと交差するまでは登り調子だが、その先は歩きやすい水平歩道になる。だんだん広場方面の分岐をすぎて10分ほどで国見岩コースに合流する。

　ここから再び斜面に取りつき、国見岩を目指す。ここも直登コースと巻き道の東コース・西コースの三方向に分かれるが、どれを取っても国見岩に通じる。体力と相談して選ぼう。直登の場合、15分ほどで「史跡国見岩」の標柱がある大岩に出る。

　岩なのに史跡？　と疑問に思うかもしれないが、由来を聞けば納得。正確には「皇后国見岩」と呼ばれ、太古の昔、神功皇后がこの岩場に立って現在の遠賀・小倉・下関方面を望見されたという言い伝えに由来する。伝説の地からの大展望をしばし楽しんで山頂へ向かおう。

　国見岩から先は樹林を抜けて明るい道になる。10分ほどで舗装路に出合い、右に曲がれば山頂はもう目前である。電波塔群を目標に最後の階段を登れば、絶品の眺めが待つ山頂だ。北九州市のほぼ全域を眼下に収め、海と街と山が織り成す景色は皿倉山ならでは。街の近さは日が暮れるとさらに際立ち、「新日本三大夜景」に選定されている。

　復路は、山頂広場から南へ遊歩道を下り、皿倉山ビ

国見岩から樹林を抜け、舗装路に出合うと皿倉山山頂は近い。

国見岩へ続く登山道は植林の中だが、起伏が少なく楽々だ。

ジターセンターを経て10分ほどで皿倉平へ。階段を下りきった場所の車道を挟んで反対側の下降点から煌彩の森コースに入る。この先は、都市に隣接している山とは思えないほど豊かな広葉樹の森歩き。ヤマザクラ、エノキ、シロダモ、タブノキなどの大木が点在するのも魅力である。木洩れ陽の中、野鳥の声を聞きながら気持ちよく下れる。

皿倉ノ泉で喉を潤し、国見岩分岐で往路に合流。見返坂は迂回路を下るほうが膝に優しいだろう。ふれあいの家の広場まで下りてくれば、あと30分ほどで山麓駅に帰り着く。

広々とした皿倉山山頂。九州自然歩道の基点を示す立派な石碑が置かれている。

復路で出合う「連理の木」。途中で枝がつながった不思議な形をしている。皿倉平から国見岩分岐辺りまでは、大木を擁す素敵な広葉樹の森が続く。ここも見所の一つ。

皿倉平にある煌彩の森コース下降点。コンクリート造りの東屋の前にある。

山行アドバイス

①全体的によく整備されており、ビギナーでも安心して歩ける。小さい子ども連れは、下山時にケーブルカーを利用する手もある。
②JR八幡駅からのシャトルバスは、平日は夕方のみの運行。土・日・祝は午前中から運行する。利用の際は事前に確認のこと。
③駐車場の入庫は5時〜22時30分まで。出庫は24時間可能である。

山行データ

標高	皿倉山＝622m
単純標高差	約 500m
歩行時間の目安	約 3 時間 45 分
緯度経度（スタート地点）	33 度 51 分 24.41 秒 130 度 47 分 43.39 秒
MAPCODE®	16 365 383*84

■参考タイム

山麓駅駐車場〜 45 分〜ふれあいの家広場〜 20 分〜見返坂取りつき点〜 15 分〜国見岩分岐〜 25 分〜国見岩コース出合い〜 15 分〜国見岩〜 15 分〜皿倉山〜 10 分〜皿倉平〜 30 分〜国見岩分岐〜 20 分〜ふれあいの家広場〜 30 分〜山麓駅駐車場（往路＝2 時間 15 分／復路＝1 時間 30 分）

■関係市町村

北九州市八幡東区総務企画課＝093（671）1459

河頭山公園から帆柱山・皿倉山

幽玄なる巨木の森を縫って

河頭山公園～花尾西登山口～花尾城趾石碑～花尾分かれ～
帆柱ノ辻～帆柱山～皇后杉～皿倉平～皿倉山　＊往復

威風堂々たるスダジイ。このルートの最大の魅力は、都市近郊の山とは思えない巨木の森をたどる点にある。この森は未来に残すべきかけがえのない遺産である。

帆柱山は、皿倉山の西に位置する標高488メートルのピークである。山名は、神功皇后が軍船に使用する帆柱を伐り出したことに由来する。遠目には目立たないものの、山腹は豊かな照葉樹林に包まれており、森歩きの楽しさを満喫できる。

登路はいくつかあるが、北九州都市高速黒崎インターチェンジに近い河頭《ごうとう》山公園に駐車し、帆柱山、皿倉山の二座をめぐるルートをガイドしよう。

最初の目標は花尾西登山口バス停で、まずは河頭山公園の駐車場から河頭山に背を向けて車道を下る。すぐ左折して北九州都市高速の下をくぐり、次の三差路を左折して中柳橋を渡る。この先は、八幡西区鳴水《なるみず》町の住宅地を抜ける。生活道路が入り組んでおり、道標もない。花尾西登山口バス停を目指して、別掲の地図通りに進もう。

バス停から正面に延びる小径に入り、電信柱のたもとに古い「登山道路」の道標がある三差路を左折。次の三差路も左折し、花尾配

河頭山公園。この手前に広い駐車場がある。歩き始めは、河頭山に背を向けて車道を下る。

登山道脇にそり返って立つスダジイの巨木。内藤陣山跡周辺には圧巻の照葉樹の森が広がっている。急登もなく、とても歩きやすい樹林のプロムナードである。

北九州都市高速道路の下をくぐり、中柳橋から左折して、花尾西登山口バス停を目指す。

住宅地を抜けて花尾配水池の左手に回り込む。まだ舗装路が続く。

一万歩コースに入ると、右手の樹林が途切れ、帆柱山を望む地点がある。

水池を通過する。そこから道なりに進んだ突き当たりが花尾山を取り囲む一万歩コースの入り口で、ようやく山歩きが始まる。

右を取って進み、前方が開ける地点にあるゲートを抜け、花尾山の西山腹を巻いて進む。周囲は裏山ふうの雑木林で、幅員は広く、歩きやすい。途中、進路を北から東へ変える地点で右手に丸っこい帆柱山のピークを望む。展望が開けるのはここだけで、あとはずっと樹林の中である。

浅い谷間から水の滴る花尾ノ泉をすぎ、右に急カーブする地点の右手に東屋を見れば、尾根への取りつき点はもうすぐだ。「花尾城趾」と刻まれた大きな石碑の手前で、一万歩コースと分かれて尾根に乗り、すぐの三差路は左折する。

この先は要所に道標が立ち、迷うことはない。花尾ノ辻をすぎた辺りから老齢古木が点在する圧倒的な巨木の森が始まる。樹種は、照葉樹林帯に欠かせないシロダモ、タブノキ、スダジイ、ヤブニッケイ、カゴノキなどで、どっかと根を下ろしてそそり立つ巨木が次から次へと現れるさまは、幽玄なる自然の一端にふれる思いがする。

その先、内藤陣山跡の案内板の前を通り、帆柱分かれで右を取れば、間もなく帆柱ノ辻に到着である。帆柱山山頂はそこから右へひと上りの所だ。

一万歩コース入り口から山頂まで急登はなく、のんびり散策できるプロムナー

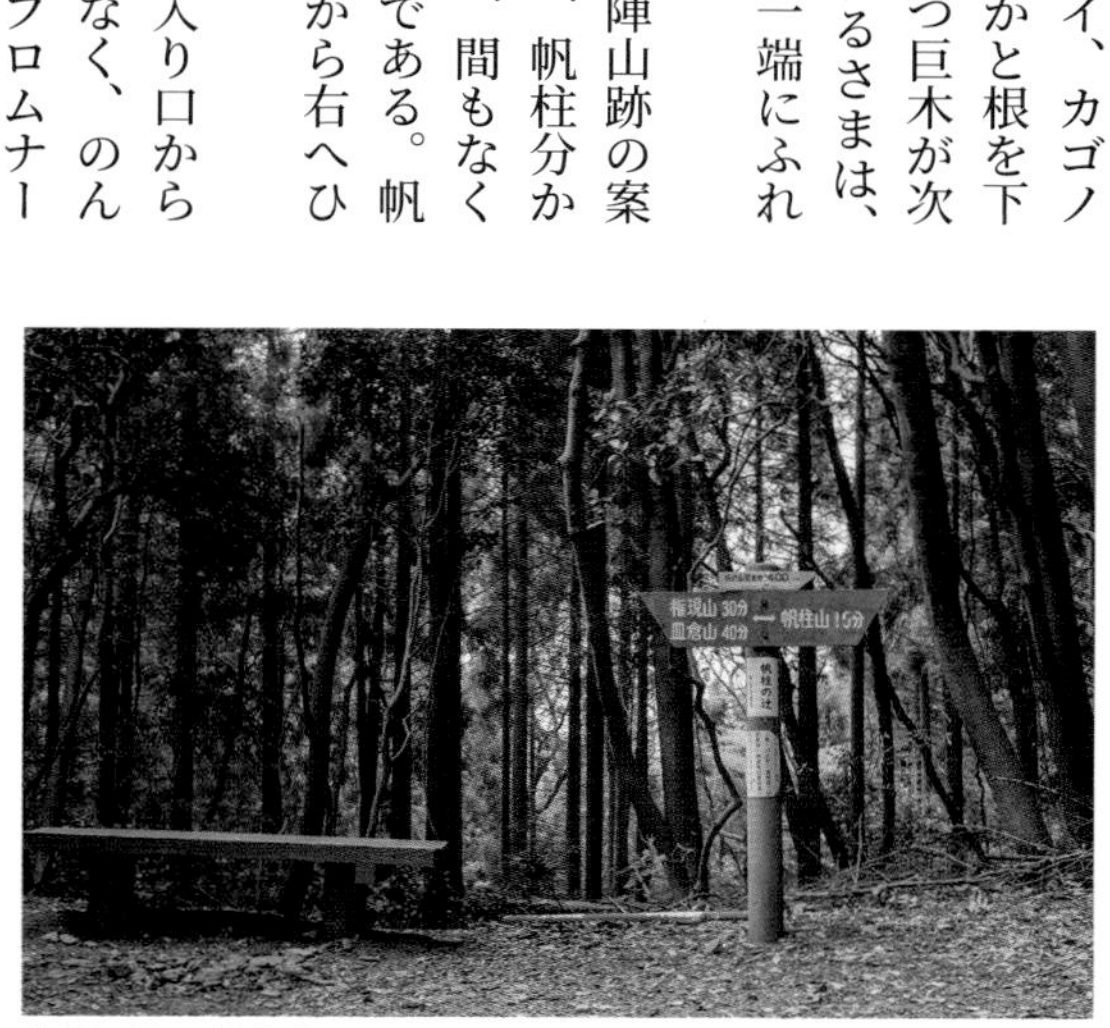

花尾ノ辻、帆柱分かれを通過して帆柱ノ辻へ。ここを右折。

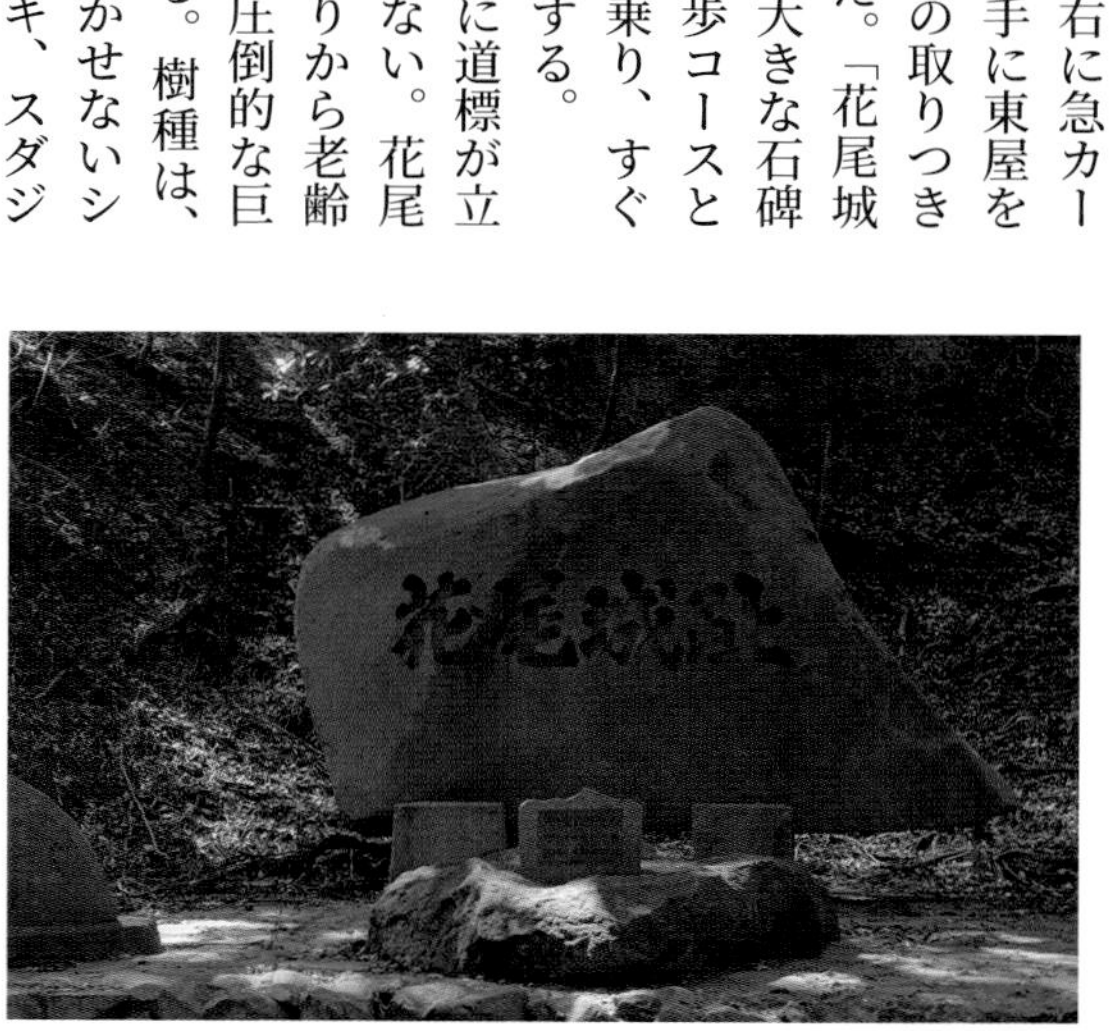

東屋を見て間もなく石碑に出合う。この手前から尾根に乗る。

静かな帆柱山山頂。ベンチがあり、ゆったりとした時間を楽しめる。展望は北西方向のみ。

ドのごとき趣である。山頂は樹林に囲まれており、展望は北西の一角のみだが、落ち着いた雰囲気の静かな空間で居心地がよい。

　山頂でしばしくつろいだら、帆柱ノ辻まで下り、道なりに直進。緩く登り返して権現山周回路を目指そう。シンボルは推定樹齢400年以上といわれる皇后杉で、登山道脇にスギの巨木が目立ち始めたら、前方にひっそりたたずむ姿が見えてくる。その前に立てば、悠久の時空を生き抜いた威厳が静かに伝わってくる。

　皿倉平は、皇后杉から水平道とも言うべき権現山周回路をたどって約10分の所。芝生広場や東屋でひと息入れたら、皿倉山を目指す。

　周辺は公園化され、要所には道標が立ち、迷うことはない。ただし、このルートで一番きつい階段の上りが待っている。焦らずゆっくり歩を進めよう。

山行アドバイス

①初めての場合、河頭山公園から一万歩コース入り口までが住宅地を抜けることもあって、やや分かりにくいかもしれない。道標は、花尾西登山口バス停先の三差路に一つあるのみ。別掲の地図通りに進み、近道は考えないほうがいい。花尾山（351）に立ち寄る手もあるが、分岐が多く、これについても初めての場合は往復がおすすめである。

②河頭山公園と帆柱山の単純標高差は375メートルほどあるが、それを感じさせない緩い上りが多く、急登はないに等しい。危険な所もなく、小学校低学年の子ども連れでも楽に登れる。その場合は、皿倉平で引き返すのも一考である。

皿倉平から長い階段を登り、皿倉山を目指す。

広々とした草付きの広場に置かれた山頂標識。

権現山周回路のシンボル、皇后杉。巨大というよりも老成した姿に胸を打たれる。

山行データ

標高	帆柱山＝488m 皿倉山＝622m
単純標高差	約 510m
歩行時間の目安	約 3 時間 30 分
緯度経度（スタート地点）	33 度 51 分 6.05 秒 130 度 46 分 31.22 秒
MAPCODE®	16 333 727*80

■参考タイム

河頭山公園～ 10 分～花尾西登山口バス停～5 分～一万歩コース入り口～ 25 分～花尾城趾石碑～ 20 分～帆柱分かれ～ 15 分～帆柱山～ 20 分～皇后杉～ 10 分～皿倉平～20 分～皿倉山～15 分～皿倉平～ 10 分～皇后杉～10 分～帆柱分かれ～15 分～花尾城趾石碑～20 分～一万歩コース入り口～15 分～河頭山公園（往路＝2 時間 5 分／復路＝1 時間 25 分）

■関係市町村

北九州市八幡西区総務企画課＝093（642）1442

市瀬峠から皿倉山・権現山

人気の高い安心快適ルート

市瀬峠〜権現山分岐〜皿倉平〜皿倉山〜皿倉平〜
権現山〜権現山分岐〜市瀬峠　＊縦走周回

　市瀬峠は、フジや紅葉で知られる河内《かわち》藤園から林道市ノ瀬・奥田線を西へ詰めた地点にある。そこから南へたどれば尺岳へ。皿倉山へは北を目指す。峠のすぐ東側の路肩に10台ほど駐車できるスペースがあり、休日はもとより平日でも満車になることが珍しくない。

　人気の理由は、楽々皿倉山の頂に立てるからであろう。いまひとつ、登路がいくつかあって、それらを組み合わせることでさまざまなルート設定が可能ということもある。

　ここでは、往路に権現山周回路の東側をたどって皿倉山山頂を踏み、復路に権現山に立ち寄る周回ルートを紹介しよう。ビギナー向きながら、大木が点在する樹林の道と大展望を満喫できる心弾むルートである。

　東屋を左手に見て取りつき、丸太のステップを踏んで登ると間もなく分岐に出合う。左は市瀬峠のさらに西にある鷹見神社登山口へ通じる間道で、ここは右へ。

　次の分岐は、どちらを取っても先で合流するが、右は小ピークを経由する。左はなだらかなトラバース道である。左を取って自然林の中を進むと、やがて右手に前述の小ピークを経る道を合わせ、そのすぐ先で権現山分岐に出合う。

　ここは周回する際のポイントの一つ。左は権現山へ直登する道で、復路でこれを下る。「権現山周回道路（東側）へ」の道標に従って右へ進もう。権現山の東山腹をトラバースする道で、皿倉平に出るまできつい上りはなく、楽に歩ける。

　ヒノキ林の中、緩やかに高度を上げ、丸太で組まれた橋を渡って谷を巻き、斜めに傾いたヤマザクラの大木を見て進むと、頭上の開ける上りになる。春にはムラサキケマンやスミレの仲間が咲く場所で、ここで進路を北東から北へ変える。

　そこから間もなくで未舗装林道に飛び出す。これが皿倉平を基点に権現山の山腹を一周している権現山周回路で、合流点を市瀬分かれと呼ぶ。右を取って皿倉平を目指すが、未舗装林道にありがちな荒れた様子はなく、気持ちよく歩ける。

　周囲の木々に取りつけられたネームプレートを確認しながら歩けば、ほどなく

市瀬峠の東側にある駐車スペース。

小ピークを回避して左のトラバース道をたどる。

市瀬峠の取りつき点。明瞭な踏み跡がついている。

権現山分岐。右を取り、ヒノキ林の中へ。

権現山山頂の北端から望む皿倉山。左へ視線を移せば、眼下に洞海湾が広がる。

丸太で組まれた橋を渡り、小滝ふうの谷を巻く。

権現山周回路は広くて平ら。これ以上歩きやすい道はない。途中にあるヤマグワの大木を見上げる。

して前方が明るくなり、車道の通じている皿倉平（八合目広場）に到着だ。

ここは、北の皿倉山と南の権現山の間の広い鞍部。別名を国見峠という。公園化された皿倉山の頂稜部の一角に当たり、東屋、駐車場、トイレなどがある。芝生広場を突っ切り、長い階段に取りつけば、皿倉山ビジターセンターを経て広々とした山頂へ飛び出す。

心ゆくまで大展望を楽しんだら、復路は皿倉平まで戻り、権現山周回路に挟まれた真ん中の舗装路をたどって権現山を目指す。右手に帆柱キャンプ場入り口を見送って進むと、車はここまでの案内がある。

その先で権現神社へ続く急な階段が左に分かれている。そのまま舗装路を歩いてもいいが、参拝するほうが急ながら近道である。参拝後、そのまま社の右脇を抜けて山道へ取りつき、植林の中の踏み跡をたどれば、権現山の山頂直下で舗装路と合流する。

権現山山頂は、賑やかな皿倉山山頂と対照的にいたって静か。二等三角点と2本のマツが印象的な広場は、

2本のマツが印象的な権現山山頂。皿倉山山頂に比べると、圧倒的に静かな空間である。

皿倉山山頂から福智山を望む。九州自然歩道は、ここを基点に尺岳、福智山へ続く。

復路で出合う権現山周回路。横切ってこの道標から標高差約100メートルを下る。

皿倉平から権現山を目指す。舗装路ながら周囲の樹林は美しい。

とても居心地のいい空間だ。北端に立てば、右手に皿倉山、眼下に洞海湾を望む大きな展望が広がっている。カエデの大木が色づく秋の紅葉もいい。

ひと息入れたら、NTT無線中継所の右手を抜けて山道に入り、すぐの分岐は左を取って下る。シロダモやノグルミの大木が点在する樹林の中に続く道は心地よい。所々に平坦地があって楽に下れるのもいい。

権現山周回路（未舗装林道）に合流したあと、標高差約100メートルの下りが控えているが、道はジグザグにつけられており、思いのほか安心して歩ける。やがて、往路で右を取った権現山分岐に出合い、道なりに下れば市瀬峠は間近である。

山行アドバイス

①ビギナーでも安心して歩ける。最も楽なのは往路を使った皿倉山往復だが、静かで居心地のよい権現山にはぜひ立ち寄りたい。それにはこのルートが理に適っている。

②皿倉平から皿倉山山頂一帯は公園化されており、山道や舗装路が入り組んでいるが、要所に道標が立っている。それに従えば迷うことはない。山頂へ続く階段はいささか長いものの、急な所はなく、歩きやすい。

③市瀬峠東の駐車スペースが満車の場合は、西側へ下ったカーブ付近にスペースがある。3台ほど駐車可。

山行データ

標高	皿倉山＝622m 権現山＝617.3m
単純標高差	約310m
歩行時間の目安	約2時間30分
緯度経度（スタート地点）	33度49分50.66秒 130度46分52.00秒
MAPCODE®	16 274 210*37

■参考タイム

市瀬峠～20分～権現山分岐～10分～丸太橋～10分～市瀬分かれ～10分～皿倉平～20分～皿倉山～15分～皿倉平～15分～権現山～10分～権現山周回路出合い～25分～権現山分岐～15分～市瀬峠（往路＝1時間40分／復路＝50分）

■関係市町村

北九州市八幡西区総務企画課＝093（642）1442

皿倉山周辺

JR八幡駅
皿倉山ケーブルカー山麓駅
Start Goal
河頭山公園
Start Goal
八幡西区
八幡東区
八幡東
花尾西登山口
河頭山バス停
一万歩コース入り口
法輪禅寺
ふれあいの家広場
中柳橋
見返坂取りつき点
だんだん広場分岐
花尾山 351m
国見岩分岐
国見岩コース出合い
皿倉ノ泉
皿倉山 622m
国見岩
花尾ノ泉
花尾ノ辻
花尾城趾石碑
内藤陣山跡
帆柱分かれ
ビジターセンター WC
帆柱山 488m
帆柱ノ辻
皿倉平（国見峠）P WC
皇后杉
権現山周回路
権現神社
権現山 617.3m
市瀬分かれ
周回路出合い
権現山周回路
権現山分岐
河内藤園入り口
小ピーク
取りつき点
鷹見神社
市瀬峠
Start Goal
P スペース
河内貯水池
鹿児島本線
スペースワールド駅
0m 500m

あとがきに代えて

　福智山系は、北部九州に横たわる南北30キロメートルの山塊です。その主峰、福智山は九州百名山に選ばれており、地元はもとより国内各地や海外からもたくさんの登山愛好家が訪れています。標高は900・5メートル（国土地理院電子地図）。低山の部類に入るかもしれませんが、自然豊かな特徴あるいくつものピークが点在しています。

　主稜線の東西には落差30メートルの菅生《すがお》ノ滝をはじめ、大小の滝が連続する七重ノ滝、大塔《おおとう》ノ滝、上野《あがの》峡の名瀑白糸ノ滝などを擁し、小滝や滑滝《なめたき》が連続する涼味満点の竜王峡、鮎返川流域のこもれび渓谷、紫川源流の山ノ神川流域など、豊かな水量に恵まれた渓谷美も自慢の一つです。

　植物も主峰福智山の周辺を中心に春から秋にかけて豊富な野の花、木の花に恵まれています。一時乱獲で姿を消したラン科の植物も有志の方々の努力によって復活しており、今後も大切に維持したいものです。

　長い間飽きもせずに登ってきたのも、これらの素晴らしい自然の恵みの中で心身ともにリフレッシュさせてもらっているからだろうと感謝しています。

　福智山でお会いする常連のみなさんの登り方は十人十色。毎日会社に出勤するように登っておられる方々の登頂回数には驚かされます。多い方はなんと6000回！　それだけ懐の深い山系だということでしょう。

　西から登って東の登山口へ下り、再び登り返して西側へ下る健脚も数人おられます。超早出・早帰りの方は、季節にまったく関係なく夜明けが遅い冬場でもこちらが登り始めたころ、朝の挨拶を交わして下って行かれます。

　遠征するためのトレーニングで、20キロ以上のザックを背負って縦走する方々は、「福智山系で鍛えると、どこの山へ行っても大丈夫だ」と言われます。

　そんな常連のみなさんと山中でお会いすると、花々の情報交換や近況報告などで20分くらいすぐに経ってしまいます。これもまた楽しみの一つです。

＊

　ガイドブックや山岳雑誌に掲載されるのは、メジャーなルートにすぎません。そこで、もっと踏み込んで隠れたルートを丹念に拾い出してはどうかという提案をいただきました。

　思案した結果、広い山域の中で、豊かな自然がたくさんの残る尺岳山域の観音越以南のエリアから25ルートをピックアップして踏査し、ケーブルカーで登ることができ、一部観光地化してしまった皿倉山周辺は、付録として3ルートにとどめることにしました。

　目次をご覧いただければ分かるように、25ルートを東西南北の4エリアに分けて各ルートへのアプローチが容易になるような構成にしています。できる限り最新の情報を盛り込むため、私にとっては既知のルートながらすべて再踏査いたしました。

　ところで、数ルートを踏査したあと、ある出来事に遭遇しました。それは、759メートルの頂に立ったときのことです。香春町の

ボランティアグループ「道草の会」により新しく建てられた赤牟田ノ辻（旧焼立山）と記された山頂標識に出合ったのです。山頂名が入れ替わったことを知らない登山者のための心遣いだと思いました。

国土地理院の「点の記」に791メートルピークが焼立山、759メートルピークが赤牟田ノ辻と記されていたためだそうです。地元の林業者や登山者に長い間定着していた山頂名が突然入れ替わったことには戸惑いを感じました。

なぜこのようなことが起きたのか。当時の陸軍参謀本部陸地測量部が「点の記」に載せる前に、山頂名の突き合わせを現地と行わなかったのでは…と焼立山（旧赤牟田ノ辻）から赤牟田ノ辻（旧焼立山）へ向かって防火帯を下りながら、勝手に思いをめぐらせました。

＊

現在、福智山系に限らずどこの山でもイノシシに手を焼いています。餌を探すための優れた嗅覚と強靭な鼻で土を掘り起こし、登山道を荒らしています。足の踏み場のないような泥道になった登山道を通り抜けるのはひと苦労です。

私が登山を始めたころ、イノシシやシカは珍しい存在で、猟師は獲物を探して遠くへ出かけていました。その後、増殖し、山中はもとより里まで荒らす害獣になってしまいました。

福智山系の登山ルートでいえば、鱒淵《ますぶち》ダムから福智山へ向かう九州自然歩道の登山口～強羅《ごうら》橋の間は、イノシシによる被害が特に多いように感じています。

また、福智山系の南部では、香春岳を本拠とするサルたちとの出合いが多く、今回の踏査でも思わぬ所で遭遇しました。

秋が深まったころ、焼立山から赤牟田ノ辻へ続く防火帯で先行する仲間二人にモデルになってもらって写真を撮った直後、2匹の大きなサルが現れて防火帯を横切り、右手の樹林の中へ姿を消しました。一瞬の出来事でシャッターも押せずに立ちすくんでしまいました。先行する仲間はまったく気づかなかったそうです。

そのほか、吉原集落では民家の屋根に上っている1匹の離れザルに睨まれたこともありますし、牛斬山《うしきりやま》でのワラビ採りの帰途、五徳越峠から車の窓を開けて下っている際に6匹のサルに囲まれ、慌てて窓を閉めてクラクションを鳴らして脱出したこともあります。

サルとの出合いは思わぬときに起こりますが、彼らも人間を恐れているため、落ち着いて行動するといいようです。ぜひ頭に入れておいてください。

＊

さて、取り上げた全ルートは日帰りを前提にしていますが、長時間歩くケースも一部あります。また、複数のルートの組み合わせでは長時間歩行を余儀なくされます。

経験豊かな方々には釈迦に説法ですが、僭越ながら早出・早帰りに徹していただきたいと思います。それが安全登山の第一歩。そして、完璧な装備のもと、食料、飲み物をザックに詰め、春夏秋冬、移りゆく季節を通して福智山系の自然を愛でながら楽しい山行を続けてください。

最後に、本書の企画・編集・発行に関して長きにわたってお力添えを賜りました九州初の山雑誌「グリーンウォーク」の元編集長、そして季刊「のぼろ」にてチームリーダーを務められた中村真悟氏（現在はフリー）に衷心よりお礼申し上げます。

また、踏査のおり、同行していただき、多方面から現地情報の収集等のご支援をいただいた矢嶋芳孝氏、橘忠信氏に衷心よりお礼申し上げます。

挟間照生

福智山系徹底踏査！

■挾間 照生（はざま・てるお）
1939 年、福岡県北九州市生まれ。高校、大学生時代がちょうど第一次登山ブームに当たり、父親の影響もあってそのころから山に親しみ、主に九州、山口の山を駆け回る。その後、伯耆大山、石鎚山、北アルプスなどの遠征を経験。17 歳のときに初めて登った福智山に魅了され、60 年以上にわたって足繁く通い続けている。自他ともに認める福智山マイスターである。

福智山《ふくちさん》系《けい》徹底《てってい》踏査《とうさ》！

2020 年 7 月 10 日　第 1 刷発行

著者　挾間照生
発行者　杉本雅子
発行所　有限会社海鳥社
〒812-0023　福岡市博多区奈良屋町 13 番 4 号
電話 092-272-0120　FAX092-272-0121
印刷・製本　モリモト印刷株式会社
ISBN978-4-86656-072-4
http://www.kaichosha-f.co.jp
［定価は表紙カバーに表示］

＊本書掲載の地図は、国土地理院の電子地形図を使用しています。